NOUVELLES DU CANADA ANGLAIS

Nouvelles du Canada anglais

nouvelles de
Caroline Adderson, Sandra Birdsell, Marian Engel,
Mavis Gallant, Jack Hodgins, Joyce Marshall,
James Reaney, Leon Rooke, Sinclair Ross,
Audrey Thomas, Jane Urquhart et Ethel Wilson

rassemblées, traduites de l'anglais et présentées
par Nicole Côté

L'instant même

Maquette de la couverture : Anne-Marie Guérineau

Illustration de la couverture : Goodridge W. Roberts, *Marian*, 1937
Huile sur toile, 83,8 × 63,5 cm
Collection Musée du Québec (83.34)
Photographie : Musée du Québec, Patrick Altman

Photocomposition : CompoMagny enr.

Distribution pour le Québec : Diffusion Dimedia
539, boulevard Lebeau
Saint-Laurent (Québec) H4N 1S2

Pour la France : D.E.Q.
30, rue Gay-Lussac
75005 Paris

L'instant même
865, avenue Moncton
Québec (Québec) G1S 2Y4
Canada

Dépôt légal – 4ᵉ trimestre 1999

Données de catalogage avant publication (Canada) :

Vedette principale au titre :

    Nouvelles du Canada anglais : nouvelles

    Comprend des réf. bibliogr.

    ISBN 2-921197-83-9

    1. Nouvelles canadiennes-anglaises – Traductions françaises.
2. Roman canadien-anglais – 20ᵉ siècle – Traductions françaises.
3. Nouvelles canadiennes-anglaises – Histoire et critique.
I. Adderson, Caroline, 1963-   . II. Côté, Nicole, 1957-   .

PS8319.N6814 1999   C813'.010805   C99-940816-X
PS9319.N6814 1999
PR.9197.32.N6814 1999

L'instant même remercie le Conseil des Arts du Canada et le gouvernement du Canada pour son soutien par l'entremise du Programme d'aide au développement de l'industrie de l'édition (PADIÉ). Canada

Avant-propos

L *es nouvellistes du Canada anglais ont acquis une réputation d'envergure internationale, la nouvelle y étant pratiquée aussi largement que le roman. Si le genre de la nouvelle est généralement connu par les critères qui le définissent – brièveté, concision, densité, exploration d'une situation, nombre restreint de personnages – on peut se demander ce qu'il en est des particularités de la nouvelle au Canada anglais.*

Selon le critique Frank Davey[1], la nouvelle canadienne-anglaise serait novatrice puisqu'elle comporte, contrairement à son homologue américaine, une pluralité de codes et d'influences, ses marges restant largement indéfinies. Margaret Turner, dans son ouvrage Imagining Culture. New World Narrative and the Writing of Canada[2], *affirme que les écrivains canadiens sont dès le XIXᵉ siècle engagés dans la*

1. « Genre Subversion in the Canadian Short Story », dans Frank Davey, *Reading Canadian Reading*, Winnipeg, Turnstone Press, 1988, p. 137-150. Ainsi, Davey affirme : « An examination of the Canadian story requires a much more pluralistic and eclectic view of the story, and a more "generous" sense of its generic language, than that which accompanied the development of the Anglo-american short story. It requires a non-hierarchical conception of story that far from separating it [...] from parable, legend, anecdote and essay, sees it as continuously sharing unstable codes systems with them » (p. 143).
2. Montréal, McGill-Queen's University Press, 1995, 134 p.

création d'un nouvel espace discursif. Mais cet espace reste obscurci par le statut postcolonial du Canada, à tel point qu'un écrivain de la stature de Stephen Leacock[3] pouvait encore affirmer, en 1930 : « There is no such thing as Canadian literature today[4]. » Selon David Staines, jusqu'à la parution du roman de Sheila Watson, The Double Hook, *la littérature canadienne-anglaise s'écrivait non pas depuis le centre où toute littérature devrait se situer, le « ici », mais depuis le « là » qu'étaient les grandes puissances coloniales – d'abord l'Angleterre, puis les États-Unis. C'est dire qu'elle se considérait comme une littérature de périphérie[5]. Ce qui explique la question de Northrop Frye, qui caractérisait, selon lui, l'incertaine identité littéraire canadienne-anglaise : non pas le « Who am I ? », mais le « Where is here ? ». Avec la fin du siècle présent, il semble que l'apparente périphérie se soit déplacée vers le centre, ce dernier devenant à la fois*

---

3. Son œuvre la plus connue est *Sunshine Sketches of a Little Town* (1912).

4. Rapporté par David Staines, dans *Beyond the Provinces. Literary Canada at Century's End*, Toronto, University of Toronto Press, 1995 p. 15. Peut-être est-ce en partie vrai, si l'on considère que l'originalité propre des écrivains canadiens se révélera dans les années cinquante. C'est du moins l'avis d'un critique hollandais : « Until well after the Second World War it is possible to see the Canadian sensibility lagging behind the two pace setters, Britain and the United States of America, until some time in the fifties the Canadian appear to catch up and join the marching throng of literature in English. » (August J. Fry, « On Contemporary Canadian Literature : Periods, Tangles and Interpretations », dans Charles Forceville, August J. Fry, Peter J. De Voogd, *External and Detached. Dutch Essays on Contemporary Canadian Literature*, Amsterdam, Free University Press, 1988, p. 22.)

5. Staines explique : « Confronted with living on the seeming periphery, the colonial writer must create a work that will be acceptable to those reading on the seeming centre » (*op.cit.*, p. 16).

le Canada et ailleurs. Ainsi, l'espace géopolitique canadien, une fois qu'on eut définitivement cessé d'y plaquer les modèles britanniques et américains, laissait entrevoir sa nature plurielle, hétérogène, et obligeait les nouvellistes à explorer des formes et des thèmes qui en constitueraient des représentations personnelles. Entre-temps, le Canada, de colonie qu'il était, est devenu nation, puis village global, « un village global étant une nation au-delà du nationalisme, où les voix de la nation sont si plurielles que la distinction entre international et national n'est plus valide[6] ».

Les nouvellistes choisis pour cette anthologie, qui couvre plus d'un demi-siècle de nouvelles (1939-1994), ne représentent toutefois que quelques aspects de cet imaginaire canadien infiniment morcelé. Seront brièvement présentés ici, en guise de contextualisation, les milieux respectifs de ces nouvellistes, le contexte socioéconomique qui a vu naître leur œuvre ainsi que la contribution de chacun au genre.

Afin de rendre justice aux pionniers de la nouvelle canadienne-anglaise et de situer les nouvellistes de l'anthologie dans une perspective historique élargie, citons deux prédécesseurs : Sara Jeanette Duncan (1861-1922), une journaliste et écrivaine qui, au tournant du siècle, voyagea de par le monde et en rapporta des récits (nouvelles, novellas) à la facture jamesienne qui font état de la vie des Blancs dans les colonies (The Pool in the Desert, *1903*) ; *Morley Callaghan (1903-1990), premier nouvelliste canadien-anglais à mettre la grande ville en scène, qui fut aussi*

---

6. *Id.*, *ibid.*, p. 24 (traduction libre).

9

le premier écrivain canadien à connaître un succès international.

Ethel Wilson, en dépit du fait qu'elle était plus âgée que Morley Callaghan, ne commença à publier qu'à l'aube de la cinquantaine. La plupart de ses nouvelles, qui furent rassemblées en recueil en 1961 seulement (Mrs Golightly and Other Stories)*, sont empreintes d'une sensibilité toute édouardienne. Sa façon de traiter les personnages, avec la manipulation que requièrent les objets précieux, s'apparente à celle du romancier britannique E. M. Forster. D'ailleurs, le nom de la narratrice dans la nouvelle « Si, par hasard, l'âme de ma grand-mère » (1937) – Mrs Forrester – constitue peut-être un hommage à son mentor. Ses personnages à la fois raffinés et quelque peu absurdes, toujours un peu à côté d'une réalité aux revers de toute manière insaisissables, créent un effet comique qui atténue sa vision de l'individu projeté dans un univers incertain au sein d'une société de plus en plus déshumanisée. Selon Frank Birbalsingh, « tous les livres de Mrs Wilson illustrent les chocs soudains et les brusques revers de fortune [...] que peuvent susciter des événements imprévisibles. L'univers de Mrs Wilson est un pur chaos, où n'importe quoi peut arriver à n'importe qui n'importe quand. Mais l'auteure [...] tient son univers étrange et aléatoire pour acquis, et ne révèle nulle part le moindre intérêt pour ses présupposés philosophiques[7] ».*

---

7. « Innocent Traveller », *Canadian Literature*, n⁰ 49, été 1971, p. 36 (traduction libre). Voir de nombreuses critiques des œuvres de Wilson dans Robert Lecker et Jack David, *The Annotated Bibliography of Canada's Major Authors*, vol. 5, Toronto, ECW Press, 1984, p. 416-459.

La nouvelle « *La porte peinte* » de *Sinclair Ross* est, avec celle d'Ethel Wilson, la plus ancienne de cette anthologie (1939). Dans les nouvelles de Ross, la ferme, centre de la vie familiale, est toujours très éloignée de la ville ou du village ; c'est pour cette raison que la communauté humaine s'y restreint à sa plus simple unité. Les personnages y sont aux prises avec une nature peu généreuse et des conditions climatiques extrêmes[8], qui reflètent leur désolation intérieure, comme on le verra dans « *La porte peinte* ». Quoique l'on ait longtemps considéré Ross comme étant de la tradition des réalistes, ses œuvres s'en démarquent nettement[9]. Les nouvelles tirent leur beauté de la tension existant entre la réalité et l'imaginaire que les personnages y projettent. Les passages les plus évocateurs sont en effet ceux où les séquences oniriques infiltrent le réel, jetant un doute non seulement sur la capacité du protagoniste à le différencier des rêves, mais sur la capacité de l'écriture à représenter la réalité. Avec « *La porte peinte* », Ross refuse le romantisme que ses prédécesseurs s'étaient attachés à construire autour des Prairies par sa description sans complaisance de la vie dans une ferme de la Saskatchewan pendant la Crise. Ce faisant, il met en scène deux conflits qui, selon Michelle Gadpaille[10], renvoient

---

8. Voir la très belle introduction de Margaret Laurence au recueil *The Lamp at Noon and Other Stories*, Toronto, Mc Clelland and Stewart, 1968, p. 7-12.
9. Voir à ce sujet l'article de Angela Esterhammer « Can't See Life for Illusion : The Problematic Realism of Sinclair Ross », dans John Moss, *From the Heart of the Heartland. The Fiction of Sinclair Ross*, Ottawa, University of Ottawa Press, 1992.
10. Michelle Gadpaille, *The Canadian Short Story*, Toronto, Oxford University Press, 1988, p. 32-33.

*l'un à l'autre comme deux termes d'une métaphore :
la lutte entre l'homme et les éléments et celle entre
l'homme et la femme. Si, comme Gadpaille l'a remarqué, les nouvelles de Ross demeurent une des
pierres de touche de la littérature canadienne en raison
de la déconstruction du mythe romantique des Prairies
– les Prairies constituant plutôt dans ses écrits le lieu
« d'épreuves, de tragédies, de catharsis » – Ross n'en
demeure pas moins un précurseur en raison de cette
oblitération des frontières entre réalité et représenta-
tion de la réalité, ainsi que des tergiversations de son
narrateur-focalisateur, qui présente de multiples points
de vue sur la réalité.*

*Une douzaine d'années plus tard, un jeune poète
qui deviendrait le plus grand dramaturge de sa génération écrivait « La Brute » (1951), nouvelle qui allait
mettre en question le genre nouvellier, qu'on n'envi-
sageait alors que dans le cadre du réalisme. Ayant
grandi dans une ferme du sud-est de l'Ontario, Reaney
s'inspire principalement des motifs et des thèmes de
l'enfance, qu'il considère sur le mode de la métaphore ; ainsi les comptines, les contes de fées, les jeux,
le manichéisme de la religion populaire ont-ils forte-
ment influencé son œuvre, car ils tirent leur essence
du mythe et des rites. Son théâtre, expérimental, utilise une technique « mosaïque » afin de faciliter les
associations fortuites et la spontanéité du jeu des
enfants ; il en résulte une vision du monde intensément
poétique, aux multiples résonances. Quoiqu'il n'ait
écrit que peu de nouvelles, James Reaney n'en reste
pas moins un auteur important dans le développement
de ce genre au Canada anglais par ses techniques
novatrices. L'univers à la fois réaliste et surréaliste*

de « *La Brute* » *résulte de la juxtaposition de mythes universels et d'éléments de la vie rurale du sud-ouest de l'Ontario. De cette nouvelle, Atwood dit qu'elle* « *devance les récits d'écrivains comme Gabriel Garcia Marquez* », *particulièrement en raison de sa clôture,* « *remarquable séquence onirique où des éléments de la vie du narrateur se transforment en une iconographie mythique*[11] ».

Écrivaine d'envergure internationale, toujours plus connue en France et aux États-Unis qu'au Canada, Mavis Gallant a suivi un parcours solitaire, s'exilant en Europe pour amorcer sa carrière d'écrivaine. Vivant à Paris depuis les années cinquante, elle écrit dans sa langue maternelle sur des thèmes où le personnel et le social sont intimement liés. Son écriture sèche, dénuée de complaisance, explore les labyrinthes de la mémoire personnelle et collective, décrivant les conséquences dévastatrices de la Seconde Guerre mondiale chez les Européens. Gallant débusque les pièges quotidiens que se tendent eux-mêmes les individus en respectant des conventions mortifères ou en observant la réalité avec la lorgnette déformante des clichés ou des préjugés de classe, de race, ou de sexe, s'obligeant ainsi à vivre avec les choix qui découlent de cette vision du monde. Son œuvre présente une galerie de personnages exilés, somme toute peu conscients de leurs limites, trompés ou abandonnés par l'Histoire ou leur famille, s'accrochant à des rêves qui les empêchent de progresser. Sa froide dissection – tempérée par un humour ironique – des idiosyncrasies

---

11. Margaret Atwood, « Un livre clé », *Le Sabord,* n° 41, automne 1995, p. 33-34.

d'individus déracinés ne possède pas d'équivalent au Canada anglais ou ailleurs. Gallant a d'ailleurs, comme ses compatriotes Alice Munro et Margaret Atwood, grandement contribué à situer le Canada sur la carte littéraire. Son point de vue détaché de Canadienne anglaise expatriée en Europe, ayant longtemps publié pour un public américain, en fait l'une des voix les plus originales au Canada. Mais en raison même de ce détachement, et peut-être parce que Gallant a toujours évité les médias, son œuvre est loin d'obtenir au pays l'attention qu'elle mérite.

Joyce Marshall a exploré très tôt la condition féminine, autant du point de vue de la sexualité que de la violence qui est le lot des grandes villes. Le succès est venu tard pour Marshall, peut-être en raison de ces thèmes audacieux. Mais son style à la fois travaillé et naturel, qui n'est pas sans rappeler celui d'Alice Munro, a contribué à assurer sa place dans de nombreuses anthologies. La capacité de Marshall à réintégrer l'enfance est remarquable, comme l'affirme Timothy Findley : « Ce n'est pas seulement que la plupart d'entre nous ne pouvons pas nous souvenir de notre enfance. C'est aussi que nous ne pouvons articuler ce qu'est l'enfance. Pas seulement être à un autre âge et dans une autre époque, mais être vraiment vivant, avec ce que cela comporte de plans contrecarrés, d'impasses et de privations[12]. »

Avec son premier recueil de nouvelles, Spit Delaney's Island *(1976), qui l'a propulsé au rang des figures de proue de la fiction dans les années soixante-dix, Jack Hodgins a inscrit l'île de Vancouver sur la*

---

12. « Afterword », dans Joyce Marshall, *Any Time at All and Other Stories*, Toronto, Mc Clelland and Stewart, 1993, p. 212-219.

carte littéraire du Canada. *Ses personnages extrava-
gants forment un microcosme de la société, et la création de mythologies personnelles, que ces personnages
juxtaposent à d'anciens mythes amérindiens, semble
révéler un désir pressant de comprendre leur histoire
et de la lier au destin de la communauté. Le critique
Jeffrey a décrit en ces termes savoureux l'île de
Hodgins :* « *Elle est une sorte de réserve des causes
perdues, de nostalgie brumeuse pour l'Europe mêlée
à d'innombrables versions d'arrière-cour du rêve
américain ; c'est un endroit où l'histoire semble se
condenser, et où les motifs et patterns sont rendus
visibles par la force des extrêmes*[13]. » *S'appropriant
parodiquement la vision et les modes de vie d'un petit
groupe humain, Hodgins n'en rejoint pas moins l'uni-
versel par les thèmes qu'il aborde : l'isolement, les
changements qui surviennent dans la vie de gens ordinaires et détruisent leurs certitudes, les obligeant à
se réajuster pour survivre.*

*Comme plusieurs nouvellistes canadiennes, Audrey
Thomas renouvelle le genre en empruntant à des tra-
ditions variées. Ses récits ne mettant pas l'accent sur
le déroulement de l'intrigue, Thomas semble répugner
à la clôture traditionnelle. Ses romans et nouvelles, que
particularisent une curiosité pour l'étymologie, le goût
des jeux de mots, le collage de fragments de nomen-
clature, de recettes ou de comptines, laissent parfois
une impression de juxtaposition plutôt que d'intégra-
tion. Qualifiée de postmoderne et de féministe, son
écriture constitue un* patchwork *de techniques mettant*

---

13. David L. Jeffrey, « Jack Hodgins », dans *Dictionary of Literary
    Biography*, vol. 60, Detroit, Bruccoli Clark Layman, 1987, p. 123
    (traduction libre).

en relief la corporéité des mots, soumettant la langue à un féroce examen étymologique – réel ou imaginé. Avec son mélange baroque d'humour, de parodie et de poésie, Thomas aime à cartographier l'univers féminin en mettant en scène des protagonistes féminins aux traits autobiographiques. Cette révision radicale de la langue et du genre de la nouvelle fait de Thomas un des précurseurs de la postmodernité féministe au Canada anglais.

Sandra Birdsell a d'abord traité dans ses nouvelles des relations familiales, réparties sur trois générations, de la petite communauté fictive d'Agassiz. Les nouvelles y sont liées par les mêmes personnages (très souvent féminins), parfois par les mêmes événements ou thèmes abordés sous différents points de vue. Birdsell fait partie de ces nouvellistes qui ont su allier le meilleur de la tradition réaliste à une exploration de réalités intérieures. Russel Brown et Donna Bennett, éditeurs de l'Anthology of Canadian Literature in English, qualifient ainsi sa fiction : « Comme les nouvelles d'Alice Munro, celles de Birdsell s'inscrivent dans la tradition réaliste par la description de la vie de communautés rurales, tout en s'en démarquant par leur fascination pour un monde imaginaire qui s'étend au-delà de la causalité quotidienne[14]. »

Dramaturge avant d'être nouvelliste, Rooke affectionne les dialectes et les idiosyncrasies du langage personnel. Gadpaille dit de ses nouvelles qu'elles sont remarquables en raison de l'utilisation expérimentale de la voix narrative et de leur vocabulaire bizarre, aux

---

14. Russell Brown et Donna Bennett, *An Anthology of Canadian Literature in English*, vol. 1, Toronto, Oxford University Press, 1990, p. 621 (traduction libre).

traits régionaux difficiles à localiser. Rooke a aussi recours aux motifs et aux structures des contes de fées pour suggérer plusieurs couches de signification, dont le sens ultime échappe. On a dit du protéen Rooke qu'il était un postréaliste et un postmoderne, mais quelques-uns de ses récits sont dans la tradition gothique du Sud qu'a inaugurée Faulkner. La nouvelle « La fille unique », qui a pour décor un endroit isolé et indéterminé du sud-est des États-Unis, appartient à cette seconde veine. On y retrouve un personnage-clé de l'univers de Rooke, celui d'une petite fille à la fois innocente et délurée, déterminée à faire son chemin malgré ses blessures psychiques et physiques[15]. S'il s'avère impossible d'accoler une étiquette au prolifique virtuose qu'est Rooke, on peut cependant affirmer que l'éventail des thèmes qu'il a explorés a contribué à l'élargissement des frontières du genre au Canda anglais.

Marian Engel poursuit l'étude de l'univers féminin et décrit la vie urbaine de femmes mariées, divorcées ou séparées du sud de l'Ontario avec une irrévérence satirique allant parfois jusqu'au grotesque. On a dit de son œuvre qu'elle appartenait à la veine du Southern Ontario Gothic, et il est vrai qu'elle montre une grande curiosité pour les formes extrêmes que la

---

15. Voir à ce sujet l'entrevue de Nancy Wigston, « Hit Single. Interview/Leon Rooke », dans *Books in Canada*, octobre 1995, vol. 24, n° 7, p. 7 : « The girl in *Muffins* is prickly, independant, innocent, vulnerable – she seems one of a lineage in your fiction – the sister in *A Good Baby*, the little girl in « The Only Daughter », the girl in « The Woman from Red Dear Who Went to Johanesburg [...] » (Wigston). « [...] dramatically I'm drawn to that kind of material too, just the idea of the resilient, resourceful, independent-minded female, coping with the damaged psychic, carrying that heavy baggage of wounds, but still excelling, frequently triumphant » (Rooke).

psyché revêt dans des situations pénibles. Ses héroïnes semblent vivre aux marges de la société en raison de leur intense vie intérieure. Dans sa préface à The Tattooed Woman *(1985), recueil posthume dont est tirée la nouvelle éponyme reproduite dans cette anthologie, Engel souligne la valeur de l'irrationnel dans la fiction.*

Jane Urquhart n'a écrit qu'un recueil de nouvelles, Storm Glass / Verre de tempête, *et pourtant ses récits occupent une place à part dans la tradition nouvellière. Délaissant l'intrigue, Urquhart structure ses récits selon un réseau très serré d'images, les clôturant souvent par une séquence onirique ou des réminiscences. Les frontières du rêve et de la réalité y sont perméables, les personnages étant entraînés malgré eux par le moteur de leurs obsessions. Urquhart affectionnant l'ambiguïté, « elle est moins intéressée à suivre les déplacements de ses personnages que la dérive complexe de leur inconscient*[16] *». Sa prose, riche en métaphores, est ciselée comme le verre de Venise de la nouvelle reproduite ici. Urquhart, qu'on a surnommée la reine du gothique, est passée maître dans l'art de l'atmosphère. Excellant dans la reconstitution historique, elle est particulièrement à l'aise dans le* XIXe *siècle, aussi bien dans l'Irlande dépossédée par la famine que dans la Venise raffinée de Robert Browning. C'est cette ville qui constitue la toile de fond de « Verre de Venise », où le thème de la passion de l'art étouffant l'amour – leitmotiv dans une œuvre comme* The Underpainter / Le peintre du lac *– est exploité.*

---

16. Alberto Manguel, « Brevity, Soul and Wit », *Maclean's*, 21 septembre 1987, p. 54 (traduction libre).

Il est difficile de prédire dans quelle direction progressera l'œuvre de Caroline Adderson : avec son premier recueil de nouvelles, Adderson a déjà ouvert des perspectives inattendues au genre, étant aussi à l'aise dans les parodies de récits du XIXe siècle au Canada que dans la reconstitution de l'atmosphère de quelques décennies du XXe ou les explorations des aspects sombres du monde de l'enfance. Les nouvelles d'Adderson sont aussi remarquables pour l'éventail de leurs tons, de leurs voix et de leurs points de vue : « Outre son incroyable facilité pour l'hétéroglossie, affirme Sheila Ross, la prose d'Adderson est émondée de tout superflu, elle est richement concrète et ses images sont inusitées[17]. » Ses thèmes et ses lieux sont aussi variés, mais comme l'affirme Ross, « les plus étranges de ces histoires sont les moins exotiques, plusieurs récits s'attachant à décrire des situations familiales réalistes qui mettent en scène des enfants particulièrement vulnérables. Ici, les handicaps émotifs, physiques et mentaux élargissent les possibles figures de la mort et incluent le mal présent dans les relations familiales[18] ». Peut-être la polyphonie d'Adderson est-elle emblématique de l'élargissement presque infini des frontières que connaît présentement le genre nouvellier au Canada anglais.

Les nouvelles de cette anthologie ayant été choisies au départ pour l'intérêt qu'elles avaient à mes yeux, et non pour quelque motif didactique, elles ne représentent forcément qu'un infime aspect de la production nouvellière anglo-canadienne. De nombreux

---

17. Sheila Ross, « Forays in Polyvocality », *Canadian Literature*, n° 148, printemps 1996, p. 175-176 (traduction libre).
18. *Id.*, *loc.cit.*

nouvellistes, qui n'ont commencé à publier que très récemment et dont les origines se reflètent dans leur écriture, n'ont pas été sélectionnés du fait que, ayant à traduire les nouvelles du corpus, il me semblait devoir déjà être familière avec l'univers des écrivaines et écrivains choisis. Elles seront, je l'espère, l'objet d'autres anthologies du Canada anglais.

Nicole Côté

ETHEL WILSON

*Si, par hasard,
l'âme de ma grand-mère*

Née en Afrique du Sud en 1888 de parents missionnaires, Ethel Wilson se retrouve en Angleterre à deux ans, avec son père, après le décès de sa mère. Lorsqu'elle a dix ans, son père meurt ; sa grand-mère maternelle et sa famille l'emmènent alors à Vancouver, où elle termine ses études. Elle enseigne quelque temps, épouse un médecin en vue et ne publie ses premières nouvelles que des décennies plus tard, à l'aube de la Seconde Guerre mondiale. Durant les quinze années qui suivent la guerre, elle publie six romans et de nombreuses nouvelles, remarquables par le style à la fois simple et raffiné, la finesse du ton et le rendu de l'atmosphère : *Hetty Dorval* (1947), *The Innocent Traveller* (1949), *The Equation of Love* (1952), qui réunit deux novellas (« Tuesday and Wednesday » et « Lilly's Story »), *Swamp Angel* (1954), *Love and Salt Water* (1956), et *Mrs Golightly and Other Stories* (1961), dont est tirée la nouvelle « Si, par hasard, l'âme de ma grand-mère » (1937). Ses romans et nouvelles ont connu un grand succès, autant en Grande-Bretagne et aux États-Unis qu'au Canada. Ethel Wilson a reçu la médaille du Conseil des Arts (1961), la médaille d'or Lorne Pierce, attribuée par la Société Royale du Canada (1964), la médaille de l'Ordre du Canada (1970) et un doctorat honorifique de l'Université de Colombie-Britannique (1991). Elle est décédée en 1980.

FESTE. – Quelle est l'opinion de Pythagore concernant le volatile sauvage ?
MALVOLIO. – Que l'âme de notre grand-mère pourrait bien être logée dans un oiseau.

SHAKESPEARE
La nuit des rois, ou ce que vous voudrez
(traduction de François-Victor Hugo).

« Il n'y a pas d'air, dit Mrs Forrester.

– Oui, il n'y a pas d'air », acquiesça la femme qui se trouvait à moitié à côté d'elle, à moitié devant. L'entrée de la tombe n'était plus visible, mais de la lumière leur parvenait. Ils descendirent prudemment. Mrs Forrester se retourna pour regarder son mari. Elle était inexcusablement nerveuse et espérait de son visage un regard ou une lueur de réconfort. Mais il paraissait ne pas la voir. Il scrutait les murs jaunes, qui semblaient être composés de grès et d'argile. Marcus paraissait chercher quelque chose, mais il n'y avait rien sur les murs jaunâtres, pas même les traces laissées par un pic et une pelle.

Mrs Forrester dut faire attention où elle mettait les pieds sur les marches lisses et usées de grès ou d'argile battue, alors elle regarda par terre devant elle. Qu'elle tînt la tête haute ou baissée ne faisait aucune différence : il n'y avait pas d'air. Elle respirait, bien sûr, et pourtant ce qu'elle respirait n'était pas de l'air mais une sorte d'antique vide. Elle supposa que cette absence d'air devait affecter le nez, la bouche et les poumons de Marcus, de la dame de Cincinnati, du guide et du soldat, et qu'elle n'avait pas à se considérer comme quelqu'un de particulier. Aussi, bien qu'elle souffrît du manque d'air et de la présence de quelque chose d'aveugle, de très vieux, de mort, elle savait qu'elle ne devait pas se laisser aller à son envie de se plaindre encore et de dire : « Je ne peux pas respirer ! Il n'y a pas d'air ! » Et elle ne pouvait certainement pas se retourner et remonter les marches en trébuchant pour se retrouver dans la chaleur torride comme elle le désirait ; elle ne devait pas non plus s'évanouir. Elle n'avait jamais éprouvé de panique auparavant, mais elle reconnut à ces signes qu'elle en était tout près. Elle se raidit, se maîtrisa (du moins le crut-elle), puis se détendit, respirant ce vide aussi naturellement que possible, et continua son chemin dans les entrailles de la terre, d'une petite lumière à l'autre. Ils atteignirent la première chambre, dont l'accès était en partie bloqué par des planches.

En regardant par les interstices des planches, ils crurent voir une longue et profonde dépression qui, en raison de sa forme, indiquait qu'un jour un corps y avait reposé, probablement dans un cercueil spacieux et orné, construit de façon à exagérer la grosseur et l'importance de son occupant. La dépression vide révélait le retrait de quelque long objet qui, Mrs Forrester le savait, avait reposé là pendant des milliers d'années, caché, scellé, seul, et pourtant il existait, en dépit du fait que des générations d'hommes vivants, de je-sais-tout, de philosophes, de scientifiques, d'esclaves, de gens ordinaires, de rois, n'en connaissaient rien. Et puis, on en avait soupçonné l'existence, il avait été découvert, puis envoyé quelque part, et maintenant, il ne restait plus que la dépression qu'ils voyaient. Tout ce qui était mortel d'une femme ou d'un homme tout-puissant avait reposé là, accompagné d'un trésor caché, qu'une génération avait dérobé aux regards des générations subséquentes (les hommes ne font pas confiance à leurs successeurs, et avec raison), jusqu'à ce que seule demeurât cette aridité envahissante, desséchée, jaunâtre, des collines et des vallées, qu'on appelait la Vallée des Rois. Et quelque part dans la vallée se trouvaient des rois morts.

Scrutant les fentes entre les planches, se déplaçant de-ci de-là pour avoir une meilleure vue, ils aperçurent une frise décorée de silhouettes, qui courait le long des murs au-dessus du niveau de la dépression. Les silhouettes étaient toutes de profil, et bien qu'elles fussent en aplat, elles avaient un air volontaire et vigoureux qui leur insufflait vie et dignité. Aucune n'était corpulente, toutes étaient minces, larges d'épaules et étroites de hanches. Mais surtout, pensa Mrs Forrester, elles se tenaient le corps bien droit. Elles ne semblaient pas immobiles, ou si elles l'étaient, c'était comme si elles s'apprêtaient déjà à se mettre en mouvement. Elle pensa, en les regardant de près, qu'elles semblaient marcher, toutes de profil, en procession, vers quelque Être assis ; ce pouvait être un homme, ce pouvait être un être asexué, un chat, ou même un grand oiseau, sans doute un ibis. Les silhouettes mouvantes avançaient avec des gestes hiératiques ou en transportant des objets. Les couleurs, où un sépia ocré prédominait, étaient d'une clarté délavée. Le manque d'air dans la chambre faillit la submerger encore ; elle étira la main pour toucher le bras de son mari. Il n'y avait pas grand-chose à voir, n'est-ce pas ? entre ces planches, alors ils continuèrent à descendre. Le guide, inintelligible, était en tête de file. Le soldat les suivit.

Si jamais je m'en sors, pensa Mrs Forrester. Le manque d'air n'était qu'un aspect d'une lointaine antiquité, une dure persistance du passé dans le maintenant et l'après-maintenant qui l'épouvantait. Ce n'était pas la mort de cet endroit qui l'envahissait à ce point, bien que la mort y fût ; c'était cette longue vie tenace, alors que ses os, sa chair et toutes les joies complexes de sa vie, ses vêtements tissés à la machine, son rouge à lèvres, si importants pour elle, valaient moins que la cuirasse polie d'un insecte sur lequel elle pourrait poser le pied. Comme les trois visiteurs demeuraient silencieux dans le tombeau, il était impossible de savoir ce que les autres pensaient. De toute façon, on ne pouvait expliquer ; et pourquoi expliquer (toutes ces discussions sur les « sentiments » !).

Plus ils descendaient les marches, plus l'air semblait expirer. Lorsqu'ils arrivèrent au pied des marches, l'air était vraiment mort. Là se trouvait la grande chambre du grand roi ; un sarcophage y avait été laissé pour instruire le public, peut-être, de façon que le public, qui venait ou pour le plaisir ou pour l'instruction, pût avoir à peu près devant lui le spectacle que les fouilleurs presque intoxiqués avaient devant eux au moment où ils enlevaient la terre et laissaient entrer l'air profanateur – ou ce qui passait pour de l'air.

Comme Mrs Forrester était maintenant occupée à éviter de tomber, ce qui créerait un petit incident près du sarcophage qui les ennuierait, elle et son mari, vraiment beaucoup et n'aiderait aucunement la dame de Cincinnati, qui était devenue pâle, elle n'entendit pas un mot des explications du guide, et aucune image, du sarcophage, des frises ou du tombeau lui-même ne demeura dans son esprit. Ce fut comme une âme sauvée qu'elle prit conscience du mouvement général de retour vers l'escalier, vers la lumière, et elle n'avait pas honte, à présent, de poser la main sur le bras de son mari, en fait pour avoir son soutien en remontant les marches.

Ils émergèrent dans la lumière aveuglante du soleil et la chaleur écrasante qui les traquait, et tous sauf les deux Égyptiens cherchèrent à tâtons leurs verres fumés. Le soldat rejoignit son camarade à l'entrée du tombeau, et le guide eut l'air de disparaître au détour de quelque rocher escarpé. Les deux soldats n'avaient pas une allure très martiale, mais sans doute se battraient-ils avec plaisir si cela s'avérait nécessaire.

Marcus, Mrs Forrester et la dame de Cincinnati, dont le nom était Sampson ou Samson, jetèrent un coup d'œil autour, cherchant un peu d'ombre. Les rochers escarpés couleur de lion, à leur gauche, jetaient bien une ombre, mais c'était le genre d'ombre qui ne leur parut pas d'une grande utilité, car ils auraient eu alors à grimper sur de petits rochers plus éloignés pour en profiter, et le soleil était si cruel dans la Vallée des Rois qu'aucun Européen ni Nord-Américain n'eût remué pour se déplacer d'un pas à moins que cela ne fût nécessaire.

« Où est ce guide ? » dit Marcus d'un ton irrité, ne s'adressant à personne, parce que personne ne savait. Le guide était parti, probablement pour faire signe à l'autocar qui aurait dû être là pour les prendre. Mrs Forrester s'imagina le guide qui marchait, courait, gesticulait, ses vêtements au vent, faisant toutes sortes de mouvements superflus sous cette chaleur. Nous sommes faits différemment, pensa-t-elle, ce sont tous ces siècles.

« Je crois, dit Mrs Sampson timidement, que cela s-semble être le m-meilleur endroit.

– Oui », dit Mrs Forrester, qui se sentait mieux, quoique ayant un peu trop chaud et se trouvant assoiffée d'air, « c'est le meilleur endroit. Il y a assez d'ombre pour nous tous », et ils allèrent s'asseoir sur quelques rochers jaunes qui étaient trop chauds pour être confortables. Personne ne parla du tombeau, qui était dans les profondeurs de la terre à leur droite.

Mrs Forrester adressa la parole à son mari, qui ne lui répondit pas. Il avait l'air morose. Ses sourcils sombres se réunissaient en un froncement et il était évident qu'il ne voulait parler ni à sa femme ni à qui que ce soit. Mon Dieu, pensa-t-elle. C'est le tombeau. Il n'est jamais comme ça, à moins qu'il n'y ait vraiment quelque chose. Ils s'assirent en silence, attendant ce qui arriverait. Les deux soldats fumaient à une certaine distance.

C'est très inconfortable, cette chaleur, pensa Mrs Forrester, et le tombeau nous a affectés désagréablement. Elle se mit à penser à Lord Carnarvon, qui avait mené ses recherches avec zèle, travaillé avec ardeur, supervisé les fouilles, hâté la découverte, été piqué par un insecte – du moins, c'est ce qu'on disait – et était mort. Elle songea à l'un de ses coéquipiers, qui avait été alité en raison d'une fièvre dans la petite maison d'argile devant laquelle ils étaient passés ce matin. Pourquoi font-ils ces choses, ces hommes ? Pourquoi font-ils cela ? Ils le font parce qu'ils le doivent ; ils viennent ici pour vivre dans l'inconfort et être malchanceux et pour connaître le plus grand accomplissement de leur vie ; de la même façon que d'autres hommes escaladent des montagnes ; de la même façon que les explorateurs de l'Arctique et de l'Antarctique se rendent dans les régions polaires pour vivre dans l'inconfort et être malheureux et pour connaître le plus grand accomplissement de leur vie. Ils ne peuvent s'en empêcher. L'idée de l'Arctique lui donna une sensation agréable, et elle décida de soulager la tension qui semblait s'être installée chez eux trois, tension qui émanait en partie du tombeau, sans doute, mais principalement du manque d'air – auquel leurs poumons n'étaient pas habitués – et, bien sûr, de cette chaleur.

Elle dit, avec une sorte de gaieté imbécile : « Que diriez-vous d'un cornet de crème glacée ? »

Mrs Sampson, relevant les yeux, la regarda avec un pâle sourire et Marcus ne répondit pas. Non, elle n'était pas drôle, alors elle se tut. Des rochers arrivèrent en volant deux gros insectes aux ailes brunies, qui les attaquèrent comme des bombardiers. Ils se rétractèrent tous trois et protégèrent leurs visages avec les bras.

« Oh... » et « Oh... » s'écrièrent les femmes, qui oubliaient la chaleur cependant que les deux vicieux insectes aux ailes rutilantes chargeaient, l'un ici, l'autre là, avec un sifflement métallique. Mrs Forrester ne savait pas si l'un des insectes avait frappé et piqué Marcus ou Mrs Sampson. Elle les avait éloignés, croyait-elle, mais comme elle et ses compagnons risquaient un coup d'œil autour, elle vit que les insectes, qui s'étaient retirés promptement, piquaient de nouveau vers eux. Le car apparut à un tournant et s'arrêta à côté d'eux. Il n'y avait que le conducteur. Le guide s'en était allé et les accueillerait sûrement à l'hôtel avec des accusations et des remontrances. Ils montèrent dans le car, les deux femmes à l'arrière et Marcus – toujours morose – à l'avant, avec le conducteur. Le car démarra. Si la visite du tombeau n'avait pas été un succès, du moins les deux insectes ne les accompagnèrent-ils pas plus loin.

Le car avançait très vite en cahotant dans la poussière qui les enveloppait, laissant un tourbillon derrière eux. Par moments, le conducteur klaxonnait parce qu'il aimait cela. Dans le désert vide, il klaxonnait par pur plaisir. Ils n'avaient pas encore rejoint le chemin traversant la large zone verte cultivée qui bordait le Nil.

Le conducteur donna un dernier coup de klaxon et arrêta le car. Comme la poussière retombait, ils virent, à leur droite, sises à l'entrée des collines mortes, une rangée d'arcades, pas une colonnade, mais une rangée d'arcades similaires, à peine séparées latéralement les unes des autres et menant, de toute évidence, dans les collines. Ce devaient être des tombeaux ou des grottes. Ces arcades semblaient noires contre le jaune poussiéreux de la roche. Mrs Forrester fut forcée de reconnaître que les arcades au flanc des collines étaient belles. Il devait y en avoir vingt ou trente ; c'est ce qu'elle estima en y pensant plus tard.

Ils étaient assis là.

« Eh bien, qu'attendons-nous ? » demanda Marcus au conducteur.

Le conducteur devint volubile, puis, comme Marcus, qui était impatient de continuer le voyage, ne semblait pas vouloir coopérer, il se tourna vers la femme derrière lui.

« Je crois qu'il lui f-faut attendre encore quelques minutes quelqu'un qui d-doit être là. Il doit prendre quelqu'un, à moins qu'il ne soit déjà parti, expliqua Mrs Sampson, il d-doit attendre. »

Le conducteur alors leur signifia que s'ils le désiraient, ils pourraient monter voir les tombeaux, à l'intérieur des arcades. Sans même se consulter, ils répondirent tous non sur-le-champ. Ils se rassirent et attendirent. Marcus peut-il être malade ? se demanda Mrs Forrester. Il est trop silencieux.

Quelqu'un se tenait à côté du car, à la hauteur du coude de Mrs Forrester. C'était un homme âgé, un barbu habillé d'un long vêtement en lambeaux et d'un couvre-chef qui n'était ni une calotte ni un tarbouch. Il avait le visage d'un mendiant, mais c'était un visage sans ruse. Il est trop éloigné en tant qu'être, mais trop près dans l'espace, pensa Mrs Forrester.

« Madame, dit-il, je vous montre quelque chose » (« Allez-vous-en », rétorqua Mrs Forrester) et il présenta un petit objet, qu'il avait sorti des replis de son vêtement. Il le tenait bien haut, entre le pouce et l'index, à un pied environ du visage de Mrs Forrester.

L'objet que les deux femmes regardaient était une petite main humaine, coupée sous le poignet. La petite main était enveloppée d'un bout de linceul, et les doigts émergèrent, délicats, gris, précis. Les doigts étaient rapprochés les uns des autres ; à leurs extrémités, on distinguait ce qui semblait être des ongles, ou les endroits où les ongles auraient été. Un lambeau du linceul se déroula et flotta sur le poignet tranché.

« Jolie main. Achetez une petite main, madame. Très bonne, très vieille, très bon marché. Jolie main de momie.

– Oh, a-allez-vous-en ! » s'écria Mrs Sampson, et les deux femmes détournèrent leurs visages parce qu'elles n'aimaient pas regarder la petite main de momie.

L'homme âgé abandonna mais, avec l'entêtement de l'Orient, il tint la petite main devant Marcus.

« Achetez une main de momie, monsieur gentleman. Très vieille, très jolie, très bon marché, monsieur. Achetez une petite main. »

Marcus ne lui jeta même pas un regard. « NIMSHI ! » tonna-t-il. Il avait été en Égypte pendant la dernière guerre.

Il avait hurlé si fort que le mendiant eut un mouvement de recul et réarrangea ses traits en une expression de terreur. Il s'éloigna, traînant les pieds à un rythme qui n'était ni celui de la course, ni celui de la marche, mais qui tenait des deux. Devant lui, il agitait en l'air la délicate petite main, la petite main violée, le lambeau de linceul flottant derrière. Le conducteur, pour qui l'incident ne présentait aucun intérêt, klaxonna, fit de grands gestes pour signifier qu'il n'attendrait plus, et démarra.

Lorsqu'ils eurent pris place dans le bateau aux larges voiles qui les emmènerait sur la rive du Nil où était située Louxor, Mrs Forrester, parfaitement consciente du malaise de son mari mais n'ayant posé aucune question, vit que ce fleuve et ces rives, ces tombeaux et ces temples, ces curieuses gens agiles, qui lui étaient étrangers et auxquels elle était étrangère, n'avaient pas – à quatre heures de l'après-midi – le charme qui l'avait surprise dans le vert feuillage des lys et la fraîcheur perlée de ce matin-là, à six heures. Le soleil était haut et chaud, les hommes étaient bruyants, le Nil n'était que de l'eau, et elle souhaitait ramener Marcus à l'hôtel.

Lorsqu'ils regagnèrent l'hôtel, Marcus se dévêtit partiellement et s'étendit sur le lit.

« Qu'y a-t-il, Marc ?

– Une migraine. »

Il était clair, maintenant, qu'il était malade. Mrs Forrester sonna la réception pour qu'on lui envoie de l'eau froide embouteillée et de la glace, qu'elle utiliserait en compresses. Elle fouilla dans sa trousse de voyage et y trouva un thermomètre qu'elle y avait mis en guise d'amulette contre la maladie. C'était à Vancouver, et comme Vancouver semblait impétueuse, bienveillante, heureuse et attrayante maintenant. La température de Marcus s'élevait à 104°.

Il y avait des fenêtres sur chacun des murs latéraux de la chambre. Elles étaient protégées par des moustiquaires et aucune mouche ne pouvait, pensait-on, entrer. Ainsi, elle ouvrit les fenêtres, mais l'ombre de la brise qui soufflait sur le Nil entra et sortit de la chambre sans toucher Marcus. Il y avait, toutefois, une mouche dans la chambre, presque aussi dangereuse qu'un serpent. Mrs Forrester prit l'élégante petite tapette à mouche à manche d'ivoire dont elle s'était servie au Caire et, assise au chevet de son mari, l'agitait doucement lorsque la mouche bourdonnait près de lui.

« Non.

– D'accord, chéri », répondit-elle avec cette indulgence exaspérante des bien-portants envers les malades. Elle descendit à la réception.

« Le compartiment du train de ce soir en direction du Caire est-il encore libre ? demanda-t-elle.

– *Si, madame*[1].

– Nous le prendrons. Mon mari ne se porte pas bien.

– Pas bien ! C'est malheureux, madame, dit avec indolence l'employé de la réception. Je m'en occupe à l'instant. »

Il était clair que la réception ne sympathisait pas avec la maladie et préférait se débarrasser au plus vite des voyageurs indisposés.

Mrs Forrester remonta à la chambre et changea la compresse. Puis elle s'assit près de la fenêtre avec vue sur le Nil. Elle se passa à nouveau la réflexion que ce pays, où les insectes transportaient des mauvais sorts sur leurs ailes, la rendait mal à l'aise. Il était trop vieux et trop étrange. C'est ce qu'elle avait dit à Marcus, qui ne ressentait rien de tel. Il aimait ce pays. Il faut dire, pensa-t-elle, que je suis beaucoup trop sensible à l'influence des endroits, alors que Marcus est plus sensé ; ces choses ne l'affectent pas de la même manière et, de toute façon, il connaît l'Égypte. Si hauts que fussent les arbres et les montagnes de sa Colombie-Britannique natale, ils lui étaient familiers. Pour vastes que fussent les prairies, elle en faisait partie. Quelque désolées que fussent les landes du Devon, si anciens que fussent Glastonbury ou Londres, ils faisaient partie d'elle. La Grèce était jeune et elle s'y sentait chez elle. Le Parthénon avec ses ruines glorieuses était jeune et beau. Et Socrate, buvant de la ciguë parmi ses amis alors que le soleil couchant frappait de ses rayons le mont Hymette... était-ce la semaine dernière... était-il vraiment mort ? Allons, partons d'ici.

---

1. NdlT : En français dans le texte.

Sous les fenêtres, entre une basse muraille et le fleuve, des grappes d'hommes, debout, bavardaient bruyamment – des Égyptiens, des Arabes, des Abyssiniens, et puis un vieil homme et ses deux ânes – l'air était rempli de clameurs. Ils n'arrêtaient jamais. Ils criaient, riaient, se tapaient les cuisses, se querellaient. Personne n'aurait pu dormir. L'homme le plus malade n'aurait pu dormir en cet après-midi lumineux, chaud et bruyant. C'était leur plaisir, moins cher que de manger, boire ou faire l'amour. Mais elle n'y pouvait rien. Le tumulte n'avait pas de cesse. Elle changea la compresse, se pencha sur le visage foncé de son mari, qui avait les yeux clos et l'air renfermé.

Il est étrange (elle retournait en pensée à ce pays qui, en dépit de sa luminosité, de son obscurité et de sa vigueur, lui inspirait de la crainte) que je sois Canadienne et de teint clair, que mes racines soient dans cette partie de l'Angleterre qui a été ravagée par de blonds Norvégiens ; que Marcus soit aussi Canadien mais de teint foncé, qu'avant ces générations de Canadiens, il fût Irlandais, et qu'avant ces générations d'Irlandais – est-ce que les bruns Phéniciens étaient venus ? – il ne trouve aucune étrangeté à ce pays, alors que moi, si.

Vers la fin de la soirée, Marcus embarqua faiblement dans le train à destination du Caire. Le compartiment était clos, exigu et crasseux. La chaleur comprimée du soir était intense. Ils respiraient la poussière. Mrs Forrester aida doucement son mari à s'allonger sur la couchette. Il jeta un coup d'œil autour.

« Je ne peux pas dormir ici, dit-il ; tu ne dois pas dormir en haut avec cette chaleur ! »

Mais il ne pouvait faire autrement.

« Je ne coucherai pas en haut », le consola-t-elle. « Tu vois ! » Et elle prit les draps de la couchette du haut et les étendit sur le plancher près de celle de son mari. « Je serai plus au frais ici. » Elle y resta allongée toute la nuit, respirant un peu de l'air rance et de la poussière qui pénétraient par une petite grille au bas de la porte. « Oh... toi, dormir sur le plancher... ! » grogna Marcus.

Et dehors, dans l'obscurité, pensait-elle pendant que le train filait vers le nord, se trouve le même pays qui à l'aube est si ravissant. Dans le petit matin perlé, des paysans sortent de huttes éloignées les unes des autres. La famille – le père, le bœuf, le frère, les fils, les enfants, les femmes dans leurs robes noires traînantes, le chien, les ânes – déambulent en file indienne vers leur travail entre les rangs de moissons vert clair. Là aussi, il y a quelque chose d'hiératique, d'intemporel dans leurs mouvements lorsqu'ils défilent, entre les moissons vertes, comme les silhouettes de la frise défilaient, l'une derrière l'autre. Ici et là dans le petit matin, un ibis blanc, sacré, intouchable, apparaît parmi le vert délicat. Combien séduisantes étaient cette inconscience, cette innocence. Alors, en cette heure matinale – et seulement en cette heure – elle n'avait ressenti aucune crainte de l'Égypte. Cette scène était universelle et indiciblement belle. Elle...

« *Une petite main* », dit son mari d'une voix forte dans l'obscurité, et il prononça des mots étranges, et puis se tut.

Oui, achetez une petite main, monsieur, jolie, bon marché, très ancienne. Achetez une petite main. La main de qui ?

Lorsque le jour fut levé, Marcus se réveilla et regarda par terre, surpris.

« Mais qu'est-ce que tu fais là ? demanda-t-il de sa voix ordinaire.

– C'était plus frais, répondit sa femme. As-tu bien dormi ? et elle se releva tant bien que mal.

– Moi ? Dormir ? Ah, oui, j'ai dû dormir. Mais il y avait quelque chose... une main... Il me semble avoir rêvé d'une main. Quelle main ? Ah oui, cette main... Je ne me souviens plus très bien... dans le tombeau... tu ne semblais pas remarquer le manque d'air dans ce tombeau, n'est-ce pas ? J'ai senti quelque chose nous effleurer là-dedans, nous effleurer toute la journée... Tu parles d'une journée... Où est ma cravate ? »

Il se tenait faiblement debout. Sans dire un mot, Mrs Forrester lui passa sa cravate.

Marcus, à qui a appartenu cette petite main ? songea-t-elle – elle y songerait encore – ... à qui était-elle ? T'a-t-elle jamais connu... As-tu jamais connu cette main ?... À qui cette main a-t-elle appartenu ?... Oh, partons loin d'ici !

SINCLAIR ROSS

La porte peinte

Né en 1908 dans une ferme près de Prince Albert en Saskatchewan, Sinclair Ross dut abandonner tôt ses études et travailla pendant des décennies pour la Banque Royale, dans différentes villes canadiennes. Après sa retraite, il a vécu en Grèce et en Espagne, puis il s'est installé à Vancouver, où il est décédé en 1996.

Les premières nouvelles de Sinclair Ross, publiées entre 1934 et 1952 dans le *Queen's Quarterly* et d'autres revues, n'ont pourtant été réunies en recueil qu'en 1968 sous le titre *The Lamp at Noon and Other Stories*, vite devenu un classique. C'est de ce recueil qu'est tirée la nouvelle « La porte peinte » (1939). Son premier roman, *As For Me and My House* (1941), fut considéré comme l'un des meilleurs romans de l'époque, mais les suivants, *The Well* (1958), *Whir of Gold* (1970), *Sawbones Memorial* (1978), quoique appréciés par la critique, furent moins bien reçus par le public. D'autres nouvelles suivent, *The Race and Other Stories* (1982), qui n'auront jamais la popularité de ses premières nouvelles, malgré la complexité croissante des techniques de narration.

En passant à travers les collines, on pouvait compter cinq milles entre la ferme de John et celle de son père. Mais en hiver, les routes étant impraticables, on se voyait obligé avec un attelage de faire un grand détour pour contourner les collines, si bien que la distance entre les deux points était plus que triplée, dépassant dix-sept milles.

« Je crois que je vais y aller à pied, dit John à sa femme pendant le déjeuner. Les rafales dans les collines n'amèneraient pas un cheval bien loin, mais moi, elles me pousseront bien. Si je pars tôt, je pourrai passer quelques heures à aider mon père à faire les corvées et être tout de même de retour pour le souper. »

Elle alla à la fenêtre et, dégivrant un coin de vitre avec son haleine, resta là à regarder la cour envahie par les rafales, les étables et les hangars blottis dans la neige. « Il y avait un double halo autour de la lune hier soir, rétorqua-t-elle après un moment. Tu as dit toi-même que nous pouvions nous attendre à une tempête. Ce n'est pas juste de me laisser seule ici. Je dois bien avoir autant d'importance que ton père. »

Il leva les yeux sur elle, mal à l'aise, puis, terminant son café, essaya de la rassurer.

« Mais il n'y a rien à craindre – même en supposant que la tempête se lève. Tu n'auras pas besoin d'aller à l'étable. Les animaux ont été nourris et ils ont bu ; on n'a pas à y retourner avant ce soir. Je serai de retour au plus tard à sept ou huit heures. »

Elle continua de souffler sur la vitre givrée, allongeant avec soin le coin de la vitre où le verre redevenait transparent jusqu'à ce qu'il soit d'un ovale parfait. Il la regarda encore un instant, puis répéta avec plus d'insistance : « Je dis que tu n'auras même pas besoin d'aller à l'étable. Les animaux ont été nourris et ils ont bu, et je verrai à ce qu'il y ait assez de bois de rentré. Ça ira, n'est-ce pas ?

– Oui – bien sûr – je t'ai entendu. » C'était une voix étrangement froide maintenant, comme si les mots étaient transis par leur contact avec la vitre givrée. « Assez de choses à manger – assez de bois pour me garder au chaud – qu'est-ce qu'une femme pourrait demander de plus ?

– Mais c'est un vieil homme – il vit là-bas tout seul. Qu'est-ce qu'il y a, Ann ? Je ne te reconnais pas ce matin. »

Elle hocha la tête sans se retourner. « Ne t'occupe pas de moi. Depuis sept ans que je suis femme de fermier – il est temps que je m'habitue à demeurer seule. »

Lentement le coin de vitre transparent s'élargit : d'ovale, il devint rond, puis ovale à nouveau. Le soleil s'était maintenant levé au-dessus des brumes basses, ses rayons si perçants et durs sur la neige qu'ils semblaient, au lieu de la chaleur, répandre du froid. L'un des poulains de deux ans qui s'étaient éloignés au petit galop lorsque John les avait sortis pour aller boire attendait, couvert de givre, à la porte de l'étable, la tête baissée et le corps voûté, chaque respiration formant une petite volute de vapeur dans l'air givré. Elle eut un frisson, mais ne se retourna pas. Dans la lumière claire, dure, les longs milles blancs de la prairie semblaient une région étrangère à la vie. Même les lointaines fermes qu'elle pouvait discerner ne faisaient qu'intensifier la sensation d'isolement. Éparpillées à la surface d'une nature si vaste et austère, elles pouvaient difficilement être considérées comme le témoignage de l'endurance et de la hardiesse des humains. Plutôt, elles paraissaient futiles, perdues, semblaient se recroqueviller sous l'implacabilité d'une terre balayée par les rafales et d'un ciel pâle et transparent, transi de soleil.

Lorsque enfin elle s'éloigna de la fenêtre, son visage exprimait un calme maussade, comme si elle avait reconnu cette souveraineté du froid et de la neige. Cela troubla John. « Si tu as vraiment peur, concéda-t-il, je n'irai pas aujourd'hui. Récemment il a fait si froid, c'est tout. Je voulais simplement m'assurer que mon père est en sécurité au cas où nous aurions réellement une tempête.

– Je sais. Je n'ai pas vraiment peur. » Elle était en train d'allumer le poêle, et il ne pouvait plus voir son visage. « Ne fais pas attention à ce que je dis. C'est dix milles aller-retour, alors tu ferais mieux de partir.

– Tu devrais savoir que je ne resterais pas là, dit-il en essayant de l'égayer. Même par une très grosse tempête. Avant notre mariage – tu te souviens ? Deux fois par semaine, jamais je n'ai manqué une visite, et nous avons eu de méchants blizzards cet hiver-là aussi. »

C'était un homme lent, sans ambition, satisfait de sa ferme et de son bétail, naïvement fier d'Ann. Il avait été déconcerté, jadis, par cet attachement qu'elle éprouvait pour un type à l'intelligence limitée comme lui ; enfin rassuré quant à son affection, il s'était détendu, reconnaissant, ne soupçonnant pas qu'elle pût jamais être moins constante que la sienne. Même maintenant, à l'écoute de l'agitation pensive dans sa voix, il ne ressentait qu'une fierté vive, inarticulée, de ce qu'après sept ans de vie commune son absence d'une journée pût encore la préoccuper. Cependant qu'elle, la confiance et la ferveur de son mari la dominant de nouveau :

« Je sais. C'est seulement que parfois lorsque tu es parti je me sens seule... C'est une longue et froide marche qui t'attend. Tu vas me laisser t'attacher une écharpe sur le visage. »

Il acquiesça. « Et en chemin, je ferai un saut chez Steven. Peut-être qu'il viendra ce soir jouer une partie de cartes. Tu n'as vu personne d'autre que moi ces deux dernières semaines. »

Elle leva un regard sec sur lui, puis s'occupa à desservir la table. « C'est deux autres milles si tu le fais. Tu seras déjà assez gelé et fatigué comme ça. Quand tu seras parti, je crois que je peindrai les boiseries de la cuisine. En blanc cette fois – tu te rappelles, nous avions acheté la peinture l'automne dernier. Ça va beaucoup éclaircir la pièce. Je serai trop occupée pour trouver la journée longue.

– J'irai tout de même, insista-t-il, et si une tempête se lève, tu te sentiras plus en sécurité, sachant qu'il viendra. C'est ce qu'il te faut, peut-être, quelqu'un à qui parler à part moi. »

Elle resta un instant immobile près du poêle puis, se tournant vers lui d'un air gêné : « Vas-tu te raser, alors, John – maintenant – avant de partir ? »

Il lui lança un regard interrogateur ; évitant ses yeux, elle essaya de s'expliquer : « Je veux dire – il peut être ici avant que tu reviennes – et alors tu n'auras plus l'occasion de le faire.

– Mais c'est seulement Steven – on ne va nulle part.

– Il sera rasé, lui – c'est ce que je veux dire – et je voudrais que toi aussi, tu t'occupes un peu de toi. »

Il était là à frotter sa barbe déjà longue sur le menton. « Peut-être que je devrais – seulement ça attendrit trop la peau. Surtout que j'aurai le vent contre moi. »

Elle fit oui de la tête et commença à l'aider à s'habiller, rapportant de la chambre des chaussettes épaisses et un chandail, enveloppant dans une écharpe son visage et son front. « Je dirai à Steven de venir tôt, dit-il en sortant. À temps pour souper. Probablement que j'aurai des corvées à faire, alors si je ne suis pas de retour pour six heures, ne m'attendez pas. »

De la fenêtre de la chambre, elle le regarda marcher sur la route pendant environ un mille. Le feu avait baissé lorsque enfin elle se retourna, et déjà la maison était envahie par un froid pénétrant. Une belle flambée s'éleva de nouveau lorsqu'elle activa le tirage, mais comme elle finissait de desservir la table ses mouvements devinrent contraints et furtifs. C'était le silence qui lui pesait – le silence figé des champs glacés et du ciel transi de soleil – tapi dehors comme s'il était vivant, attendant sans relâche, profond d'un mille, ce mille qui la séparait maintenant de John. Elle l'écouta, brusquement tendue, immobile. Le feu crépitait et l'horloge tictaquait. Toujours il était là. « Que je suis bête ! » murmura-t-elle, entrechoquant la vaisselle par défi puis retournant au poêle pour rallumer le feu. « Au chaud et en sécurité – suis-je bête. C'est une bonne occasion pour peindre, lorsqu'il est parti. La journée passera vite. Je n'aurai pas le temps de broyer du noir. »

Depuis novembre maintenant, la peinture attendait une température plus clémente. Le givre sur les murs par un jour comme celui-là ferait craqueler et s'écailler la peinture au fur et à mesure qu'elle sécherait, mais elle avait besoin d'occuper ses mains pour tromper le froid et la solitude croissants. « D'abord et avant tout, dit-elle tout haut en ouvrant le pot de peinture et en la mélangeant avec un peu de térébenthine, je dois réchauffer la maison. Remplir le poêle et ouvrir la porte du four pour que toute la chaleur en sorte. Mettre quelque chose le long du châssis pour bloquer les courants d'air. Alors, je me sentirai plus gaie. C'est le froid qui déprime. »

Ses gestes étaient vifs ; elle effectuait chaque petite tâche avec une concentration exagérée, contraignant ses pensées à suivre ses gestes, faisant de ce rituel un écran entre elle et la neige et le silence environnants. Pourtant, une fois le poêle rempli et les fenêtres scellées, ce fut encore plus difficile. Au-delà du bruissement tranquille, régulier, de son pinceau contre la porte de la chambre, le tic-tac de l'horloge se fit entendre. Soudain, ses mouvements devinrent précis, mesurés, son attitude, empruntée, comme si quelqu'un avait pénétré dans la chambre et la surveillait. C'était le silence encore, agressif, qui planait. Le feu cracha sur lui et crépita. Néanmoins, il était toujours là. « Suis-je bête, se répéta-t-elle. Toutes les femmes de fermiers doivent rester seules. Il ne faut pas me laisser aller de cette façon. Il ne faut pas broyer du noir. Quelques heures encore et ils seront ici. »

Le son de sa voix la rassurait. Elle continua : « Je leur ferai un bon souper – et, après les cartes, pour accompagner le café, je ferai cuire quelques-uns des petits gâteaux que John aime... Juste nous trois, alors je regarderai la partie et laisserai John jouer. C'est mieux à quatre, mais tout de même, on peut parler. C'est tout ce qu'il me faut – quelqu'un à qui parler. John ne parle jamais. Il est plus fort – n'en a pas besoin. Mais il aime bien Steven – quoi que les voisins en disent. Peut-être qu'il le fera revenir travailler sur la ferme, et d'autres jeunes gens aussi. C'est ce qu'il nous faut à nous deux, pour rester jeunes nous-mêmes. Et puis avant qu'on s'en rende compte, on sera en mars. Il fait encore froid en mars parfois, mais ça ne nous dérange pas autant. Au moins, on commence à penser au printemps. »

Elle commençait à y penser maintenant. Des pensées qui devançaient ses mots, qui la laissaient seule encore avec elle-même et le silence qui rôdait toujours. Pleine d'espoir d'abord, puis tendue, rebelle, esseulée. Les fenêtres ouvertes, le soleil et la terre dégelée à nouveau, la poussée des choses vivantes. Puis les journées qui commençaient à quatre heures et demie et se terminaient à dix heures du soir ; les repas, pendant lesquels John engloutissait sa nourriture et prononçait à peine un mot ; les yeux abrutis de fatigue, stupides, qu'il tournait vers elle si jamais elle mentionnait la ville ou parlait de rendre visite à quelqu'un.

Car le printemps signifiait les corvées encore. John n'engageait jamais d'homme pour l'aider. Il voulait une ferme sans hypothèque, puis une nouvelle maison et de jolis vêtements pour elle. Parfois – parce que même avec la meilleure des récoltes, rembourser prendrait tellement de temps de toute façon – elle se demandait s'ils ne feraient pas mieux de faire attendre l'hypothèque un peu. Avant qu'ils ne soient épuisés, avant que leurs meilleures années ne soient derrière eux.

C'était de la vie qu'elle attendait quelque chose ; elle ne voulait pas seulement une maison et des meubles ; elle voulait quelque chose de John, pas de jolis vêtements lorsqu'elle serait trop vieille pour les porter. Mais John, bien sûr, ne pouvait pas comprendre. Pour lui, cela allait de soi qu'elle eût ces vêtements – cela allait de soi que lui, qui n'était bon à rien d'autre, dût se tuer à l'ouvrage, à peiner quinze heures par jour pour les lui offrir. Il y avait dans sa dévotion une humilité déconcertante, insurmontable, qui lui faisait sentir le besoin de se sacrifier. Et lorsque ses muscles étaient endoloris, lorsqu'il traînait mécaniquement ses pieds à force de lassitude, alors il lui semblait que, dans une certaine mesure au moins, il la dédommageait de son corps de colosse et de son intelligence simple. Année après année, leurs vies suivaient la même petite routine. Il conduisait ses chevaux aux champs ; elle trayait les vaches et sarclait les patates. À force de travail acharné, il épargnait quelques mois de salaire, ajoutait quelques dollars chaque automne au remboursement de son hypothèque ; mais la seule réelle différence pour elle était qu'il la privait de sa compagnie, que ces corvées le rendaient à chaque fois un peu plus obtus, plus vieux, plus laid qu'il ne l'aurait été autrement. Il ne regardait jamais leurs vies de façon objective. Pour lui, ce n'était pas ce qu'il accomplissait grâce à son sacrifice qui importait vraiment, mais le sacrifice lui-même, le geste – quelque chose pour elle.

Et elle, comprenant, gardait le silence. Un tel geste, quoique futile, témoignait d'une bienveillance qui ne devait pas être détruite à la légère. « John, commençait-elle parfois, tu en fais trop. Trouve-toi un homme pour t'aider – juste pour un mois », mais lui, souriant du haut de sa taille, répondait simplement : « Ça ne m'embête pas. Regarde ces mains que j'ai : elles sont faites pour travailler. » Dans sa voix, il y avait une note résolue qui l'avertissait que par sa considération envers lui, elle n'avait que renforcé sa détermination de la servir, de lui prouver sa dévotion et sa fidélité.

Elles ne servaient à rien, ces pensées. Elle le savait. C'était la dévotion même de son mari qui les rendait futiles, qui lui interdisait de se rebeller. Pourtant, sans relâche, parfois écrasée par leur noirceur, parfois rythmant de coups de pinceau rapides et précis l'irritation et la rancœur qu'elles provoquaient, elle persistait à les entretenir.

Et ceci maintenant, l'hiver, qui était leur saison morte. Elle dormait parfois jusqu'à huit heures et John, jusqu'à sept heures. Ils pouvaient manger sans se presser, lire, jouer aux cartes, rendre visite aux voisins. C'était le temps de se reposer, de se faire plaisir et de prendre du bon temps ; pourtant, agités et impatients, ils continuaient d'attendre le printemps. Ils étaient poussés désormais, non par le travail, mais par l'esprit du travail. Un esprit qui envahissait leur vie et amenait avec le désœuvrement un sentiment de culpabilité. Parfois ils consentaient à se lever plus tard, parfois ils jouaient même aux cartes, mais toujours ils étaient inquiets, toujours ils étaient poursuivis par l'idée qu'il y avait plus important à faire. Lorsque John se réveillait à cinq heures pour activer le feu, il voulait se lever et aller à l'étable. Lorsqu'il se mettait à table, il engloutissait son repas et poussant sa chaise, se relevait, par habitude, par pur instinct de travail, même si ce n'était que pour ajouter des bûches dans le poêle ou pour descendre à la cave, afin de couper des betteraves ou des navets pour les vaches.

Et de toute façon, se disait-elle parfois, pourquoi s'entêter à vouloir parler avec un homme qui ne parlait jamais ? Pourquoi parler lorsqu'il n'y avait rien à discuter que des récoltes et du bétail, du temps et des voisins ? Les voisins aussi – pourquoi leur rendre visite puisque toujours, c'était la même chose : les récoltes et le bétail, le temps et les autres voisins ? Pourquoi aller aux bals à l'école si c'était pour s'asseoir parmi les femmes plus âgées – elle était l'une d'elles désormais, étant mariée depuis sept ans – ou pour valser à la mélodie grinçante d'un violon avec de vieux cultivateurs dont l'échine était courbée par le labeur ? Un soir, elle avait dansé avec Steven six ou sept fois, et les gens en avaient parlé pendant autant de mois. C'était plus facile de rester à la maison. John ne dansait jamais, il ne prenait jamais de bon temps. Il était toujours mal à l'aise dans son habit et ses chaussures du dimanche. Il n'aimait pas se raser, par temps froid, plus d'une ou deux fois par semaine. C'était plus facile de rester à la maison devant la fenêtre à regarder les champs glacés, de compter les jours et d'attendre avec impatience un autre printemps.

Mais maintenant, seule avec elle-même dans le silence de l'hiver, elle voyait le printemps tel qu'il était vraiment. Ce printemps – le printemps prochain – tous les printemps et les étés à venir. Pendant qu'ils vieilliraient, pendant que leurs corps se tordraient, pendant que leurs esprits rétréciraient jusqu'à se dessécher, jusqu'à devenir vides, comme leurs vies. « Je ne dois pas », dit-elle encore tout haut. « Je l'ai épousé – et c'est un homme bon. Il faut que j'arrête de penser de cette façon. Il sera bientôt midi, et puis il sera temps de penser au souper... Peut-être viendra-t-il tôt – et aussitôt que John aura terminé le train à l'étable, nous pourrons tous jouer aux cartes. »

Le froid envahissant de nouveau la maison, elle arrêta de peindre pour ajouter quelques bûches. Mais cette fois la chaleur se répandait lentement. Elle poussa un petit tapis contre la porte extérieure et retourna à la fenêtre pour compresser la chemise de laine qui bloquait l'air le long de la fenêtre. Elle arpenta la pièce à quelques reprises puis, soulevant les couvercles du poêle, tisonna le feu, et arpenta encore la pièce. Le feu crépitait, l'horloge tictaquait. Le silence paraissait maintenant plus profond que jamais, semblait avoir atteint une intensité telle qu'il gémissait faiblement. Elle commença à faire les cent pas sur le bout des pieds, écoutant, les épaules serrées, ne se rendant pas compte que c'étaient les gémissements tendus du vent dans les avant-toits qu'elle entendait.

Puis elle se retourna brusquement vers la fenêtre et, par petites saccades, souffla sur le givre pour voir de nouveau. Le scintillement s'était éteint. D'un banc de neige à l'autre couraient de petites langues de neige serpentines et agiles. Elle n'arrivait pas à les suivre, à savoir d'où elles sortaient et où elles disparaissaient. C'était comme si d'une extrémité à l'autre de la cour, la neige s'éveillait, frissonnante, excitée par les avertissements du vent qui lui soufflait de se tenir prête pour la tempête imminente. Le ciel était devenu d'un gris sombre par endroits, blanchâtre ailleurs. Lui aussi, comme dans l'attente, semblait s'être déplacé, et rester à ras le sol. En face, elle vit une crinière de neige poudreuse se cabrer, à hauteur de poitrine, sur l'arrière-plan plus foncé de l'étable, se secouer rageusement l'espace d'un instant, puis se calmer de nouveau, comme si elle avait été ramenée à la docilité par des coups de fouet. Mais une autre suivit, plus téméraire et fougueuse que la première. Une autre vacilla et se rua contre la fenêtre où elle se tenait. Puis, pendant un moment qui ne présageait rien de bon, il n'y eut que les petits serpents de neige en colère. Le vent se leva, faisant craquer les gouttières grillagées sous les avant-toits. Au loin, ciel et prairie se fondaient maintenant. Tout autour d'elle la tempête se préparait ; déjà dans sa tension et ses gémissements retentissait un présage de la fureur à venir. À nouveau, elle vit une crinière de neige surgir, si dense et si haute cette fois que les étables et les enclos furent obscurcis. Les autres suivirent, tourbillonnant avec une fureur incontrôlable, et quand enfin elles disparurent, les contours des étables étaient brouillés. C'était la neige qui commençait, en longs manches de lancettes, du franc nord, portée presque à l'horizontale par le vent tendu. « Il sera bientôt ici, chuchota-t-elle, et, en revenant, il aura le vent dans le dos. Il partira tout de suite. Il a vu le double anneau – il sait quelle sorte de tempête s'annonce. »

Elle retourna à sa peinture. Pendant un moment ce fut plus facile, toutes ses pensées, ses inquiétudes à demi-voilées au sujet de John se frayant péniblement un chemin à travers les collines dans la tempête – mais avec humeur, elle reprit bientôt : « Je savais que nous aurions une tempête – je l'avais prévenu – mais ce que je dis n'a pas d'importance. Gros bêta entêté – il fait à sa tête de toute manière. Ce qu'il adviendra de moi n'a pas d'importance. Dans une tempête comme celle-là, il ne reviendra jamais à la maison. Il ne s'essaiera même pas. Et pendant qu'il tiendra compagnie à son père, je pourrai m'occuper de l'étable à sa place, me frayer péniblement un chemin, de la neige jusqu'aux genoux – presque congelée... »

Elle ne pensait pas vraiment ce qu'elle disait. Elle s'efforçait de se convaincre qu'elle avait réellement des reproches à lui adresser, afin de justifier ses pensées rebelles, afin de rendre John responsable de ses malheurs. Elle était jeune encore, avait soif d'émotions fortes et de distractions, et la fermeté de John était un reproche à sa vanité, faisait paraître injustifiées ses récriminations, les rendait insignifiantes. Elle poursuivit, d'un ton agité : « S'il m'avait écoutée de temps à autre, s'il n'avait pas été si entêté, nous ne vivrions plus dans une maison comme celle-ci. Sept années à vivre dans deux pièces – sept années, et jamais un pauvre meuble nouveau... Voilà – comme si une couche de peinture pouvait de toute manière faire la différence. »

Elle lava son pinceau, remplit à nouveau le poêle et retourna à la fenêtre. Il y eut un moment vide, blanc, et elle pensa que c'était le givre qui s'était formé sur la vitre ; alors – comme une ombre capricieuse à travers la neige tourbillonnante – elle reconnut le toit de l'étable. C'était incroyable. Le déchaînement soudain et maniaque de la tempête la frappa de plein fouet, enlevant à son visage tout signe d'irritation. Ses yeux devinrent quelque peu vitreux avec la peur ; ses lèvres blêmirent. « S'il part maintenant pour la maison, chuchota-t-elle silencieusement, mais il ne le fera pas – il sait que je suis en sécurité – il sait que Steven vient. À travers les collines, il n'oserait jamais. »

Elle se retourna vers le poêle, tendant ses mains vers la chaleur. Elle semblait maintenant être constamment entourée d'oscillations et de tremblements, comme si l'air vibrait du frémissement des murs. Elle restait parfaitement immobile, à l'écoute. Parfois le vent y allait de coups cinglants, sauvages. Parfois il fonçait avec un souffle soutenu, très long, silencieux à force d'efforts et d'intensité ; puis, avec un hurlement de menace contrecarrée, s'éloignait en tournoyant pour rassembler ses forces et préparer l'assaut suivant. Les gouttières grinçaient toujours. Elle regarda vers la fenêtre de nouveau puis, prenant conscience du cours morbide de ses pensées, se prépara du café frais et se força à en boire quelques gorgées. « Il n'oserait jamais », murmura-t-elle à nouveau, « il ne laisserait jamais le vieil homme dans une tempête de cette intensité. En sécurité, ici – il n'y a aucune raison pour que je continue de m'inquiéter. Il est déjà passé une heure. Je vais faire ma pâtisserie maintenant, et puis ce sera l'heure de préparer le souper pour Steven. »

Bientôt, toutefois, elle commença à douter que Steven vînt. Dans une tempête de cette intensité, même un mille suffirait à faire hésiter un homme. Particulièrement Steven, qui n'était pas tout à fait du genre à braver un blizzard pour abattre les corvées d'un autre. Et puis, il avait à s'occuper de sa propre étable. Il ne pourrait que penser John revenu à la maison maintenant que la tempête faisait rage. Un autre homme aurait – aurait d'abord considéré sa femme.

Pourtant elle ne ressentait ni terreur ni malaise à l'idée de passer la nuit seule. C'était la première fois qu'elle était livrée à ses propres ressources, et maintenant qu'elle pouvait faire face à sa situation et l'évaluer calmement, elle en venait peu à peu à la considérer comme une sorte d'aventure, une responsabilité. Cela la stimulait. Avant la tombée de la nuit, elle devait aller à l'étable nourrir le bétail. S'envelopper dans les vêtements de John – prendre dans sa main une pelote de corde, dont l'une des extrémités serait attachée à la porte, de façon que, si réduite que fût la visibilité dans la tempête, elle pourrait au moins retrouver son chemin jusqu'à la maison. Elle avait entendu dire que des gens avaient eu à le faire. L'idée la séduisait sur le moment parce qu'elle rendait la vie dramatique. Elle n'avait pas encore ressenti la tempête, ne l'ayant observée qu'un moment depuis la fenêtre.

Elle mit plus d'une heure à chercher la quantité de corde suffisante, à choisir les chaussettes et les chandails appropriés. Bien avant qu'il fût l'heure de partir, elle essaya les vêtements de John, se changeant et se rechangeant, arpentant la pièce afin d'être sûre d'être assez à l'aise pour lancer le foin avec une fourche, pour faire tant bien que mal son chemin dans les bancs de neige ; puis elle enleva les vêtements, et pendant un moment s'occupa à faire cuire les petits gâteaux aux raisins qu'il aimait.

La nuit tombait tôt. Pendant un bref instant, sur le seuil, elle recula, incertaine. Un sentiment irraisonné d'abandon l'étreignit avec le jour qui s'éteignait peu à peu. C'était comme le retrait furtif d'un allié relâchant les rênes des milles étrangers. Regardant l'ouragan de neige convulsée faire rage devant la petite maison, elle se fit violence : « Ils ne passeront pas la nuit si je ne les nourris pas. La nuit est presque déjà tombée, et j'en ai pour une heure. »

Timidement, déroulant un bout de corde, elle s'éloigna de l'abri du seuil. Une rafale de vent la poussa quelques mètres en avant, puis la plongea à toute allure dans un banc de neige qui, dans le dense tourbillon blanc, était resté invisible au milieu de son chemin. Pendant près d'une minute, elle resta pelotonnée, immobile, hors d'haleine et abasourdie. Il y avait de la neige dans sa bouche et ses narines, dans son écharpe et ses manches. Comme elle essayait de se redresser, une bourrasque étouffante se jeta contre son visage, lui coupant le souffle une seconde fois. Le vent déchaîné frappait de tous les côtés par rafales. C'était comme si la tempête l'avait découverte et concentrait toutes ses forces pour l'anéantir. Prise de panique, elle battit l'air de ses bras étirés, puis tomba à la renverse et s'étendit de toute sa longueur en travers du banc de neige.

Mais cette fois, elle fut rapidement sur ses pieds, une colère vengeresse montant en elle, suscitée par le fouet et les coups de la tempête. Pendant un moment, elle eut une grande envie de faire face au vent et de rendre coup pour coup ; puis, aussi soudainement qu'elle était venue, sa force frénétique fit place à la mollesse et à l'épuisement. Brusquement, en une perception si claire et terrifiante qu'elle évacua de son esprit toute pensée de l'étable, elle ressentit, au milieu de ce blizzard, son extrême vulnérabilité. Et cette reconnaissance lui donna une nouvelle force, qui se mua cette fois en une persistance acharnée. Pendant un court moment, le vent la tint sous son emprise, engourdie et ballottée dans son étau ; puis, attachée à la corde déroulée loin devant, elle chercha à tâtons son chemin vers la maison.

À l'intérieur, appuyée contre la porte, elle resta un moment tendue et immobile. Il faisait presque noir maintenant. Le dessus du poêle luisait d'un rouge profond, mat. Indifférente à la tempête, égocentrique et satisfaite d'elle-même, l'horloge tictaquait comme un petit imbécile loquace. « Il n'aurait pas dû partir », murmura-t-elle silencieusement. « Il a vu le double anneau – il savait. Il n'aurait pas dû me laisser seule ici. »

Car la tempête semblait maintenant si violente, si furieuse, si démentielle qu'elle n'arrivait plus à se croire en sécurité dans la maison. La chaleur et l'accalmie n'étaient pas encore réelles ; elle ne pouvait pas encore s'y fier. Elle était toujours à la merci de la tempête. Seul son corps pressé contre la porte pouvait la conjurer. Elle n'osait bouger, n'osait soulager la douleur et la tension. « Il n'aurait pas dû partir », répétat-elle, songeant de nouveau à l'étable, son impuissance lui faisant honte. « Ils gèleront dans leurs stalles – et je ne peux les atteindre. Il dira que tout est de ma faute. Il ne croira pas que j'ai essayé. »

Puis Steven arriva. Surprise, brusquement ramenée à la tranquillité et à la maîtrise d'elle-même, elle le fit vite entrer et alluma la lampe. Il l'observa un instant puis, se débarrassant de sa casquette, traversa la cuisine pour la rejoindre près de la table et lui prit le bras. « Tu es si blanche – qu'est-ce qui ne va pas ? Regarde-moi. » C'était bien lui, d'être maître de la situation quand il s'agissait de petites situations. « Tu aurais dû réfléchir – pendant un moment, j'ai pensé que je n'arriverais pas à me rendre ici moi-même.

– J'avais peur que tu ne viennes pas – John est parti tôt ; et il y avait l'étable... »

Mais la tempête l'avait troublée, et soudain, avec l'assurance que lui apportaient son contact et sa voix, la peur qui l'avait paralysée fit place à un soulagement hystérique. À peine consciente d'elle-même, elle saisit son bras et sanglota contre lui. Il resta immobile un instant, inflexible, puis l'entoura de son autre bras. C'était réconfortant et elle se détendit, apaisée par un brusque sentiment de calme et de sécurité. Ses épaules tremblèrent avec le relâchement de la tension, puis elles retombèrent mollement, immobiles. « Tu trembles », il la rapprocha doucement du poêle. « Ça va aller – n'aie pas peur. Je vais aller m'occuper de l'étable. »

C'était une voix calme, sympathique, mais elle avait quelque chose d'insolent, une sorte de moquerie même, qui l'incita à s'éloigner rapidement et à ranimer le feu. Les lèvres étirées en un petit sourire, il la regarda jusqu'à ce qu'elle lève de nouveau les yeux sur lui. Le sourire aussi était insolent, mais en même temps sympathique ; c'était le sourire de Steven et, pour cette raison même, il était difficile de l'en blâmer. Il éclairait son visage mince, encore gamin, d'une arrogance particulière : des traits et un sourire différents de ceux de John, des autres hommes – volontaires et railleurs, et pourtant naïfs – comme si c'était moins de sa différence qu'il était conscient que du privilège depuis longtemps sien qui ainsi lui revenait de plein droit. Il était grand, droit, avec des épaules carrées ; ses cheveux noirs étaient bien coupés, ses lèvres, rondes et pleines. Alors que John, elle fit rapidement la comparaison, était costaud, avait la mâchoire forte et le dos voûté. Il se tenait toujours devant elle sans défense, avec dans son attitude une sorte d'humilité et d'étonnement. Steven lui souriait maintenant, appréciateur, avec l'aisance de l'homme du monde pour qui une femme ne cache ni mystères ni illusions.

« C'était gentil à toi de venir, Steven », répondit-elle, les mots bousculés se terminant en un rire brusque et vide. « Toute une tempête à affronter – je suppose que je devrais me sentir flattée. »

Car la présomption de Steven, son interprétation erronée de ce qui n'avait été qu'une faiblesse passagère, au lieu de la mettre en colère, la ranimaient, éveillaient de leur latence tous les instincts et les ressources de sa féminité. Elle se sentait impatiente, mise au défi. Quelque chose était à portée de la main qui lui avait jusque-là échappé, même aux premiers jours de sa relation avec John, quelque chose de vital, de significatif, qui l'interpellait. Elle ne comprenait pas, mais elle savait. La texture du moment était agréablement onirique : une incrédibilité perçue comme telle, et pourtant consentie. Elle était la femme de John – elle le savait – mais elle savait aussi que Steven, qui se tenait là, était différent de John. Il n'y avait ni pensée ni motif possibles, aucune compréhension d'elle-même tant que ce savoir persistait. Prudente et en équilibre sur un petit noyau subit d'excitation aveugle, elle se déroba à lui. « Mais il fait presque noir – ne ferais-tu pas mieux de te dépêcher si tu es pour faire les corvées ? Ne te dérange pas – je peux les commencer moi-même... »

Une heure plus tard, lorsqu'il revint de l'étable, elle portait une autre robe, ses cheveux étaient recoiffés, la couleur était revenue sur son visage. En versant de l'eau tiède pour lui dans la cuvette, elle dit d'une voix égale : « Quand tu auras fini ta toilette, le souper sera prêt. John a dit qu'il ne fallait pas l'attendre pour souper. »

Il la regarda un instant : « Tu ne veux pas dire que tu t'attends à ce que John revienne ce soir ? Au train où la tempête va...

– Bien sûr que si. » En parlant, elle sentit la couleur empourprer son visage. « Nous allons jouer aux cartes. C'est lui qui l'a suggéré. »

Il continua de se laver, puis, lorsqu'ils prirent place à table, il poursuivit : « Alors John va venir. Quand l'attends-tu ?

– Il a dit que ce serait peut-être vers sept heures – ou un peu plus tard. » La conversation avec Steven avait toujours été vive et naturelle, mais en ce moment, tout à coup, elle la trouva contrainte. « Il a peut-être du travail à faire pour son père. C'est ce qu'il m'a dit en partant. Pourquoi est-ce que tu me poses la question, Steven ?

– Je me demandais juste – il fait un sale temps ce soir.

– Tu ne connais pas John ; ça prendrait plus qu'une tempête pour l'arrêter. »

Elle leva de nouveau les yeux et vit qu'il lui souriait. La même insolence, le même petit rictus de moquerie et d'appréciation. Cela la fit tressaillir et se demander pourquoi elle prétendait attendre John – pourquoi cet instinct de défense la forçait à agir ainsi. Cette fois, au lieu d'éprouver un sentiment d'équilibre et d'excitation devant son sourire, elle se rappela qu'elle avait changé sa robe et arrangé ses cheveux. Cette prise de conscience s'écrasa dans un silence soudain, à travers lequel elle entendit encore le vent gémir et les avant-toits grincer. Ni l'un ni l'autre ne parlait maintenant. Il y avait quelque chose d'étrange, de presque effrayant, chez ce Steven et son sourire tranquille, implacable ; mais le plus étrange était que ce Steven lui était familier : le Steven qu'elle n'avait jamais vu ni rencontré, et pourtant celui qu'elle avait toujours connu, celui auquel elle s'attendait, celui qu'elle avait toujours attendu. C'était moins Steven lui-même qu'elle ressentait que son inévitabilité. Comme elle avait ressenti la neige, le silence et la tempête. Elle gardait les yeux baissés, dirigés vers la fenêtre par-delà son épaule, vers le poêle, mais le sourire de Steven semblait maintenant exister indépendamment de lui, se fondre dans le silence et planer avec lui. Elle fit tinter une tasse – écouta le sifflement de la tempête – toujours il était là. Il commença à parler mais son esprit ne saisissait pas la signification de ses mots. Rapidement, elle faisait des comparaisons encore ; son visage si différent de celui de John, si beau et jeune et bien rasé. Rapidement, désespérément, ressentant l'imperceptible mais implacable ascendant qu'il gagnait ainsi sur elle, pressentant une soudaine menace dans cette vie nouvelle, plus vitale – alors même qu'elle se sentait attirée par elle.

La flamme de la lampe installée entre eux vacilla au moment où un assaut de la tempête fit vibrer les murs de la pièce. Elle se leva pour faire du feu et il la suivit. Pendant un long moment, ils se tinrent près du poêle, leurs bras se touchant presque. Une fois, comme la tempête avait fait craquer la maison, elle se retourna vivement, imaginant que c'était John à la porte ; mais tranquillement, il l'arrêta au passage : « Pas ce soir – tu devrais aussi bien te faire à l'idée. À travers les

collines dans une tempête comme ça – ça serait suici-
daire. »

Ses lèvres tremblèrent soudain dans l'effort qu'elle
fit pour répondre, pour parer à la certitude dans sa voix,
puis se pincèrent et devinrent exsangues. Elle avait peur
maintenant. Peur de son visage si différent de celui de
John – de son sourire, de sa propre incapacité à le lui
reprocher. Peur de la tempête, qui l'isolait ici avec lui.
Ils essayèrent de jouer aux cartes, mais elle sursautait
à chaque craquement et tremblement des murs. « Le
temps est trop mauvais cette nuit », répéta-t-il. « Même
pour John. Détends-toi quelques minutes – arrête de
te faire du souci et accorde-moi un peu d'attention. »

Mais le ton de sa voix était en contradiction avec
ses mots. Il impliquait qu'elle ne se faisait pas de souci
– que sa seule inquiétude était que ce fût vraiment John
à la porte.

Et l'insinuation persistait. Il remplit le poêle pour
elle, battit les cartes – gagna – battit les cartes – l'insinuation était toujours là. Elle essaya de participer à la
conversation, de penser au jeu, mais désespérément,
le nez dans les cartes, elle commença à se demander :
avait-il raison ? Était-ce pour cela qu'il souriait ? Pour
cela qu'il semblait patienter, dans l'expectative, sûr de
lui ?

L'horloge tictaqua, le feu crépita. L'insinuation
était toujours là. Furtivement elle le regarda examiner
son jeu. John, même dans les jours précédant leur
mariage, n'avait jamais eu cet air. Ce matin seulement,
elle lui avait demandé de se raser. Parce que Steven
allait venir – parce qu'elle avait craint de les voir côte
à côte – parce qu'au plus profond d'elle-même elle
savait, même à ce moment. Ce même savoir, furtif et

interdit, qui était étalé maintenant dans le sourire de Steven. « Tu as l'air d'avoir froid », dit-il enfin en laissant tomber ses cartes et en se levant de table. « Nous ne jouons pas, de toute façon. Viens quelques minutes près du poêle pour te réchauffer.

– Mais d'abord je pense que nous allons suspendre des couvertures devant la porte. Lorsqu'il y a un blizzard comme celui-là, c'est ce que nous faisons. » Il lui semblait pouvoir trouver dans une activité saine, ordinaire, une délivrance, un moment pour se ressaisir. « John a des clous pour les installer. Elles protègent un peu des courants d'air. »

Il était debout sur une chaise et suspendait pour elle les couvertures qu'elle apportait de la chambre. Puis un instant ils demeurèrent silencieux et regardèrent les couvertures balancer et trembler devant la lame de vent qui jaillissait au détour des jambages. « J'avais oublié, dit-elle enfin, que j'avais peint la porte de la chambre. En haut, là, tu vois – j'ai taché les couvertures. »

Il lui jeta un regard curieux et retourna près du poêle. Elle le suivit, essayant d'imaginer les collines dans une tempête de cette intensité, se demandant si John viendrait. « Un homme ne pourrait pas y survivre », dit-il soudain en devinant ses pensées ; puis il abaissa la porte du four et rapprocha leurs chaises de chaque côté. « Il sait que tu es en sécurité. Il est peu probable qu'il laisse son père, de toute manière.

– Il aura le vent dans le dos, persista-t-elle. L'hiver qui a précédé notre mariage – tous les blizzards que nous avons eus cette année-là – et il n'a jamais manqué...

– Des blizzards comme celui-ci ? Là-haut, dans les collines, il n'arriverait pas à retrouver son chemin sur plus de cent mètres. Écoute le vent un instant et pose-toi la question. »

Sa voix semblait plus douce, plus bienveillante maintenant. Elle rencontra son sourire un instant, son petit rictus assuré et appréciateur, puis un long moment resta silencieuse, tendue, de nouveau soucieuse d'éviter son regard.

Tout maintenant semblait dépendre de cela. C'était la même situation que quelques heures plus tôt, lorsqu'elle avait protégé la porte contre la tempête. Il la regardait, souriant. Elle n'osait bouger, décrisper les poings ou lever les yeux. Les flammes crépitaient, l'horloge tictaquait. Le blizzard soufflait si fort qu'il semblait vouloir arquer les murs. Ses muscles étaient si désespérément raides et figés dans leur résistance que la pièce autour d'elle semblait vaciller et chavirer. Si raides et tendus que, cherchant un soulagement malgré elle, elle leva la tête et rencontra à nouveau ses yeux.

Ce n'était que pour un bref instant, le temps de respirer à nouveau, de soulager la tension qui était devenue insupportable – mais dans son sourire maintenant, au lieu de l'appréciation insolente qu'elle craignait, il semblait y avoir une sorte de chaleur, de sympathie. Une compréhension qui la raviva et l'encouragea – qui la poussa à se demander pourquoi à peine un instant auparavant elle avait eu peur. C'était comme si la tourmente s'était calmée, comme si elle-même avait trouvé un refuge et la paix.

Ou peut-être, cette pensée la saisit, peut-être, plutôt que son sourire, était-ce elle qui avait changé. Elle qui, dans le long silence entrecoupé par les grincements du vent, avait émergé de la profusion des codes et des loyautés pour retrouver son moi réel, sans entraves. Elle qui sentait maintenant que son air appréciateur n'était pas autre chose qu'une compréhension de la femme insatisfaite qui jusqu'à ce moment avait vécu à l'intérieur d'elle, soucieuse et exclue, reléguée aux marges de la conscience par une fidélité routinière et désuète.

Car il y avait toujours eu Steven. Elle comprenait maintenant. Sept ans – presque aussi longtemps qu'elle avait connu John – depuis le premier soir où ils avaient dansé ensemble.

La lampe s'éteignait faute d'huile, et dans la lumière faiblissante, isolés dans l'enceinte du silence et de la tempête, ils s'observaient. Son visage était blanc, car elle luttait encore. Le sien était beau, bien rasé, jeune. Ses yeux à elle, fanatiques, révélant une foi désespérée, étaient fixés sur lui comme pour exclure tout le reste, comme pour trouver une justification. Les siens étaient calmes, à demi baissés dans l'expectative. La lumière faiblissait peu à peu, rassemblant les ombres autour d'eux, silencieuses et conspiratrices. Il souriait toujours. Elle avait encore les mains blanches et serrées en poings. « Mais il est toujours venu », s'obstina-t-elle, par les nuits les plus froides, par les plus grosses tempêtes – même par une nuit comme celle-ci. Il n'y a jamais eu de tempête...

– Jamais de tempête comme celle-ci », finit-il. Il y avait de la tranquillité dans son sourire maintenant, une sorte de simplicité presque, comme pour la rassurer. « Tu as été dehors toi-même dans la tempête, quelques minutes. Il en aurait pour cinq milles, à travers les collines... J'y penserais moi-même à deux fois, par une nuit pareille, avant de risquer un seul mille. »

Bien après qu'il se fut endormi, elle resta étendue à écouter la tempête. Pour s'assurer du tirage de la cheminée, ils avaient laissé un des couvercles du poêle partiellement ouvert, et, de la porte de la chambre entrebâillée, elle voyait danser les flammes et leurs ombres sur le mur de la cuisine. Elles bondissaient et retombaient fantastiquement. Plus elle les observait, plus vivantes elles semblaient devenir. Il y avait une grande ombre qui luttait, menaçante, pour s'approcher d'elle, massive et noire et engouffrant toute la pièce. Elle avançait encore et encore, prête à bondir, mais chaque fois un petit fouet de lumière la subjuguait, la ramenant à sa place parmi les ombres du mur. Pourtant, bien que l'ombre ne l'atteignît jamais, elle se recroquevillait toujours, sentant que rassemblée en cette ombre se trouvait toute la nature sauvage gelée, son cœur de terreur et d'invincibilité.

Puis elle somnola pendant un moment, et l'ombre fut John. Interminablement il avançait. Les fouets de lumière dansaient et ondulaient toujours, mais soudain, ils étaient les agiles petits serpents que cet après-midi elle avait regardé se tordre et frissonner dans l'étendue neigeuse. Et eux aussi ils avançaient. Ils frémissaient, s'évanouissaient puis revenaient. Elle restait immobile, paralysée. Il était au-dessus d'elle maintenant, si près qu'elle aurait pu le toucher. Déjà, il lui semblait qu'une main meurtrière se resserrait sur sa gorge. Elle essaya de crier, mais ses lèvres étaient celées. Steven, à ses côtés, dormait d'un sommeil insouciant.

Jusqu'à ce que soudain, comme, étendue, elle regardait John, une lueur révélât son visage. Et dans ce visage, il n'y avait pas une trace de menace ou de colère – mais du calme et un désespoir de pierre.

Cela ressemblait à John. Il commença à reculer, et frénétiquement elle essaya de le rappeler. « Ce n'est pas vrai – pas réellement vrai – écoute, John... » mais les mots s'accrochaient à ses lèvres, gelés. Déjà, il n'y avait plus que le gémissement du vent, les avant-toits grinçants, les bonds et les torsions de l'ombre sur le mur.

Elle s'assit, saisie et maintenant bien réveillée. John avait semblé si réel, là, près d'elle, l'expression de tristesse sur son visage soudain vieilli si vive qu'au début, elle n'arrivait pas à se convaincre qu'elle avait seulement rêvé. Pour combattre la conviction de sa présence dans la chambre, il lui fallait revenir maintes et maintes fois sur le fait qu'il devait sans doute être encore auprès de son père de l'autre côté des collines. Observant les ombres, elle s'était endormie. C'était seulement son esprit, son imagination, distordue, transformée en cauchemar par la crainte illogique et jamais reconnue de son retour. Mais il ne viendrait pas. Steven avait raison. Dans une tempête comme celle-là, il n'essaierait jamais. Ils étaient saufs, seuls. Personne ne saurait jamais. C'était seulement la peur, morbide et irrationnelle, seulement le sentiment de culpabilité que même sa féminité tout récemment retrouvée et mise à l'épreuve ne pouvait entièrement réprimer.

Elle savait maintenant. Elle n'avait pas voulu reconnaître en ce sentiment la culpabilité, mais peu à peu, dans le silence de la nuit déchiré par le vent, le visage de John l'y avait contrainte. Le visage qui l'avait observée dans l'obscurité, empreint d'une tristesse de pierre – le visage qui était en réalité celui de John – John, plus réel que celui en chair et en os ne le serait jamais.

Elle pleura silencieusement. La lueur vacillante des flammes commença à baisser. Sur le plafond et le mur enfin il n'y eut plus qu'une pâle lueur tremblante. La petite maison frémit, frissonna, perdit courage, et le froid s'y faufila à nouveau. Sans réveiller Steven, elle se glissa hors du lit pour faire du feu. Il ne restait plus maintenant que quelques braises, et le bois qu'elle ajouta fut long à prendre. Le vent tourbillonna à travers les couvertures qu'ils avaient suspendues à la porte, puis, caverneux et gémissant, mugit en remontant la cheminée, comme si, contre son gré, il était rappelé au service de la tempête qui faisait rage.

Pendant longtemps, elle se tapit près du poêle, à l'écoute. Plus tôt, avec la lampe allumée et le feu qui crépitait, la maison avait semblé un abri contre la nature en furie, un refuge de faibles murs entre lesquels persistaient le sens de l'homme et sa survie. Maintenant, dans l'obscurité transie et grinçante, elle était étrangement éteinte, ayant été pillée par la tempête et abandonnée de nouveau. Elle souleva le couvercle du poêle et attisa les braises jusqu'à ce qu'une leste petite langue de feu lèche le bois. Puis, elle replaça le couvercle, étendit les mains et, comme figée par le froid dans cette attitude, elle attendit.

Ce ne fut pas long. Après quelques minutes, elle ferma le tirage, et comme les flammes tourbillonnaient les unes sur les autres, battaient le dessus du poêle et diffusaient des lueurs dansantes, la chaleur déferla et détendit ses muscles raidis. Mais frissonner, être engourdie par le froid avait été plus facile. Le bien-être corporel que la chaleur avait provoqué fit place à une souffrance mentale encore plus pressante. Elle se rappelait l'ombre qu'était John. Elle le vit penché sur elle, puis reculer, les traits pâles et ombragés par une douleur dénuée d'accusations. Elle revécut leurs sept années ensemble et, après coup, les considéra comme des années de valeur et de dignité. Enfin, écrasée par toutes ces pensées, tenaillée par un soudain besoin de souffrir et d'expier, elle se rendit là où les courants d'air étaient cinglants et resta un long moment sur le sol glacial sans broncher.

La tempête était proche, ici. Même à travers les couvertures, elle sentait un souffle de neige sur son visage. Les avant-toits grinçaient, les murs craquaient et le vent était comme un loup hurlant dans sa fuite.

Et pourtant, soudain, elle se demanda : n'y avait-il pas eu d'autres tempêtes, d'autres blizzards ? Et à travers les pires, ne l'avait-il pas toujours rejointe ?

Saisie par cette pensée, elle resta clouée sur place un moment. Il était maintenant difficile de comprendre comment elle en était arrivée à se tromper à ce point – comment un moment de passion pouvait avoir fait taire non seulement sa conscience, mais sa raison et son discernement aussi. John venait toujours. Aucune tempête ne l'arrêterait jamais. Il était fort, aguerri au froid. Il traversait les collines depuis son enfance, connaissait chaque lit de ruisseau et chaque ravine. C'était pure folie que de continuer comme ça – à attendre. Pendant qu'il était encore temps, elle devait réveiller Steven et le presser de partir.

Mais de nouveau dans la chambre, debout près du côté du lit où Steven dormait, elle hésita. Dans son détachement, dans sa respiration calme et régulière, il y avait un tel bon sens, un tel sens de la réalité. Pour lui, rien n'était arrivé ; rien n'arriverait. Si elle le réveillait, il rirait seulement et lui dirait d'écouter la tempête. Déjà, il était passé minuit depuis longtemps ; ou John avait perdu son chemin ou il n'était pas parti du tout. Elle savait que dans sa dévotion, il n'y avait rien de téméraire. Il ne se risquerait jamais dans une tempête qui défierait son endurance, ne se permettrait jamais un sacrifice qui mettrait en danger sa destinée, son avenir à elle. Ils étaient tous les deux saufs. Personne ne saurait jamais. Elle devait se maîtriser – être saine comme Steven.

Cherchant du réconfort, elle laissa sa main reposer un moment sur l'épaule de Steven. Ce serait plus facile s'il était éveillé, s'il était maintenant avec elle, à partager sa culpabilité. Mais au fur et à mesure qu'elle regardait son beau visage dans la lumière vacillante elle comprenait que pour lui aucune culpabilité n'existait. Pas plus qu'il n'y avait eu de passion, de conflit. Rien que cette saine appréciation de leur situation, rien que le petit sourire d'un homme dans l'expectative, et l'arrogance des traits, différents de ceux de John. Elle tressaillit vivement en se rappelant qu'elle avait fixé ses yeux sur ces traits, qu'elle avait essayé de croire que, si beaux et si pleins de jeunesse, si différents de ceux de John, ils devaient en eux-mêmes être sa justification.

Dans la lumière vacillante ses traits étaient toujours jeunes, toujours beaux. Désormais, ils n'étaient plus sa justification – elle savait maintenant –John était cet homme – mais tout de même avec nostalgie, s'interrogeant amèrement sur leur pouvoir et leur tyrannie, elle les effleura du bout des doigts encore un moment.

Elle ne pouvait pas le blâmer. Il n'y avait eu pour lui ni passion, ni culpabilité ; aussi ne pouvait-il pas y avoir de responsabilité. Le regardant dormir – il souriait encore à moitié, ses lèvres détendues dans l'inconsciente suffisance de sa réussite – elle comprit qu'ainsi il se révélait entièrement – tout ce qu'il y avait ou y aurait jamais. John était l'homme qu'il lui fallait. Son avenir était avec lui. Pour ce soir, lentement et avec remords, au cours des jours et des ans à venir, elle essaierait de se racheter.

Elle retourna à la cuisine et, sans penser, poussée par un besoin envahissant, retourna à la porte, où les courants d'air étaient encore glacials. Peu à peu, vers le matin, la tempête commença à diminuer. Son mugissement de terreur devint un gémissement faible, épuisé. Les bonds de lumière et d'ombre s'espacèrent, et le froid se glissa à nouveau dans la maison. Toujours les avant-toits craquaient, torturés par des prophéties muettes. Étrangère à tout cela, l'horloge tictaquait avec un contentement béat.

Ils le trouvèrent le jour suivant, à moins d'un mille de la maison. À la dérive dans la tempête, il avait foncé sur la clôture de son propre champ et, transi, il avait gelé là, debout, les deux mains serrant le barbelé.

« Il se dirigeait vers le sud », dirent-ils, étonnés, lorsqu'elle leur apprit qu'il avait traversé les collines. « Franc sud – on se demande comment il a pu ne pas voir les bâtiments de la ferme. C'était le vent hier soir, venant de tous les côtés à la fois. Il n'aurait pas dû tenter sa chance. Il y avait un double anneau autour de la lune. »

Elle regarda au-delà d'eux un instant et, comme pour elle-même, dit simplement : « Si vous l'aviez connu, tout de même – John allait essayer... »

Ce fut plus tard, lorsqu'ils l'eurent laissée seule avec lui, qu'elle s'agenouilla et toucha sa main. Sa vue se troubla ; c'était toujours une main si solide et si patiente ; puis, son regard devint fixe, ses yeux s'élargirent, s'éclaircirent. Sur sa paume, blanche contre sa blancheur gelée, il y avait une petite tache de peinture.

JAMES REANEY

La Brute

L'œuvre du poète et dramaturge James Reaney, né en 1926 près de Stratford en Ontario, compte peu de nouvelles, mais parmi ces nouvelles, écrites lorsqu'il était étudiant, se trouve « La Brute » (1951). Elles n'ont été réunies qu'en 1996, sous le titre *The Box Social and Other Stories*. Professeur à l'Université du Manitoba, puis à l'Université Western Ontario, Reaney n'a pas laissé sa carrière universitaire ralentir sa production : outre sa direction du magazine littéraire *Alphabet* (1960-1971), dont il fut le fondateur, il a fait paraître de nombreuses œuvres. Trois d'entre elles ont mérité le Prix du Gouverneur général du Canada : *The Red Heart* (1949), recueil de poèmes qui lui valut le tout premier Prix, *A Suit of Nettles* (1959), parodie du *Shepherd's Calendar* de Spenser, et les pièces de théâtre incluses dans *The Killdeer and Other Plays* (1962 ; *The Killdeer* avait mérité le prix de la meilleure pièce canadienne en 1960). Il a écrit de nombreuses autres pièces de théâtre dans les années soixante-dix et quatre-vingts, dont *Colours in the Dark* (1970), *Masks of Childhood* (1972), *The Donneleys : A Dramatic Trilogy* (1975-1976), *Gyroscope* (1983). Plus récemment, il a présenté une adaptation théâtrale de *Alice Through the Looking Glass* (1994) et a été librettiste pour une trilogie d'opéras. Reaney a par ailleurs publié des livres pour la jeunesse – des romans et des pièces de théâtre, dont *The Boy With an R in His Hand* (1965) et *Take the Big Picture* (1986). Reaney a été l'un des écrivains les plus influents de sa génération, autant par la variété des genres qu'il a explorés que par le nombre (impressionnant) de ses publications (littéraires et critiques[1]).

---

1. Pour un aperçu de l'œuvre titanesque entreprise par Reaney, consulter la bibliographie de la plaquette intitulée *James Reaney and His Works*, de Richard Stingle, ECW Press, Toronto, 1990.

Enfant, je vivais dans une ferme pas très loin d'une petite ville nommée Partridge. Dans la campagne qui environne Partridge, de minces routes de gravier et de poussière glissent dans les vallons et remontent les collines. Pour des routes, elles ne sont vraiment pas très braves, car assez souvent elles contournent une colline au lieu de la grimper, et même sur les terrains les plus plats, elles cahotent et hésitent bêtement. Remarquez, cette tendance résulte souvent de quelque bourde commise par un ingénieur géomètre il y a cent ans. Et bien que son esprit se soit évanoui il y a fort longtemps, son étourderie oblige les gens de la campagne à faire des détours là où ils auraient pu aller tout droit.

Quelques-unes des fermes bâties le long de ces routes mal conçues sont faites de briques rouges et sont flanquées de grosses granges et de hauts silos de ciment, derrière lesquels sont empilées d'énormes et moelleuses meules de foin. D'autres fermes, plutôt que d'être en briques, sont en bois de charpente et en bardeaux, et luisent du reflet argenté que prend le bois naturel battu au fil des ans par les averses violentes et les vents stridents. La maison où je suis né était ainsi, et je me souviens que lorsqu'il pleuvait, la maison virait au noir de haut en bas, comme si elle se teintait de honte ou de colère.

Peut-être était-ce à cause de mon père, qui n'était pas un très bon cultivateur. Il était ce qu'on appelle chez nous un cultivateur de l'après-midi. Il n'arrivait jamais à se rendre aux champs avant onze heures et demie et semblait incapable de cultiver quoi que ce soit sauf du sarrasin, le sarrasin étant, comme tout le monde le sait, la céréale des fermiers fainéants. Si on avait pu gagner sa vie en jouant aux échecs et en discutant, eh bien mon père aurait fait assez d'argent pour nous envoyer tous à l'université. Mais les choses étant ce qu'elles sont, il gagnait assez pour nous maintenir en vie, pour acheter du thé et du café, de la tarte et du gâteau, des bottes et des bas, ainsi qu'un panier de pêches une fois par été. Alors on ne peut pas vraiment lui reprocher quelques parties d'échec ou une préférence pour les discussions plutôt que pour le labour.

Lorsque j'avais six ans, ma mère mourut de la tuberculose, et ce furent ma tante Coraline et mes deux sœurs aînées, Noreen et Kate, qui m'élevèrent. Noreen, l'aînée, était une fille très robuste, très vive. C'était vraiment l'une des filles les plus vives que j'aie rencontrées. Elle montait tous les chevaux que nous possédions à cru, parfois même sans bride, ne s'accrochant qu'à la crinière. À quinze ans, elle tapissa en une seule journée et la cuisine et le salon. À seize ans, elle aidait mon père à rentrer le foin comme l'aurait fait un journalier. À douze ans, elle m'agaçait passablement. Parfois, quand elle était allée trop loin, j'emmagasinais pendant des jours des restes de nourriture et je partais sur la petite route avec la ferme intention de ne pas revenir. Alors Noreen et Kate couraient après moi les larmes aux yeux et, après m'avoir persuadé de jeter ma collection de croûtes de toasts et de revenir, elles me promettaient toutes deux de ne plus jamais m'agacer. Dieu sait que Kate n'avait nul besoin de me faire de telles promesses, car elle était toujours bonne et n'aurait jamais pensé à m'agacer. Kate était plutôt comme moi, timide et assez faible. Noreen, avec sa force et son audace, nous méprisait, Kate et moi ; et pourtant elle était comme nous à certains égards. Par exemple, Noreen avait une drôle de manière de nourrir les poules. Tous les soirs, elle saupoudrait les grains sur le sol en dessinant une lettre ou un autre motif, de façon qu'en mangeant les grains, les poules fussent forcées d'épeler les initiales de Noreen ou de former une croix et un cercle. Il y avait juste assez de poules pour rendre le jeu intéressant. Parfois, je le sais, Noreen épelait des phrases entières de cette manière, une lettre ou deux chaque soir, et je me demandais souvent à quel inconnu dans le ciel elle écrivait ainsi.

Tante Coraline, qui m'a élevé, était la plupart du temps alitée et se trouvait en conséquence d'humeur plutôt maussade. L'été, elle passait la plus grande partie de ses journées dans sa chambre à faire des bouquets de toutes les fleurs que nous lui apportions, même le pissenlit, la bourse-à-pasteur et la carotte sauvage. Elle était très douée pour reproduire les lettres de l'alphabet dans les bouquets et s'y prenait avec deux sortes de fleurs, vous savez, l'une pour dessiner les lettres et l'autre qui servait de fond. La chambre de tante Coraline était remplie de toutes sortes de pots et de bouteilles où étaient disposés les bouquets, dont quelques-uns étaient si anciens que sa chambre sentait un peu mauvais, particulièrement pendant la canicule. Elle était la seule parmi nous à posséder sa chambre. Mon père dormait dans la cuisine. Les journées de tante Coraline se passaient, entre son remède en bouteille et sa boîte de pilules, à créer des motifs dans les bouquets, à nous raconter des histoires et à nous élever.

Ses nuits, elle les passait à essayer de dormir et à pleurer doucement.

Lorsque nous étions enfants, jamais on ne nous tuait à la tâche, mais nous n'étions pas non plus toujours à jouer ou à lire. L'été, nous cueillions des fraises, des groseilles et des framboises. Parfois nous cueillions ces baies sauvages dans des seaux à lait avec l'intention de les vendre, mais avant que nous ayons pu remettre les seaux remplis à la femme qui nous les avait commandés, les baies se tassaient dans les seaux et bien sûr la femme refusait de payer ce qu'elle avait promis, parce que nous ne lui avions pas apporté des seaux pleins. Parfois encore, notre père nous faisait enlever les doryphores des plants de patates. Nous donnions un petit coup sur le côté du plant avec un bardeau et tenions une boîte de conserve de l'autre côté pour attraper les doryphores au moment où ils tombaient. Nous allions aussi chercher les vaches aux champs et attrapions les chevaux de labour pour notre père.

Le samedi soir, nous les enfants prenions un bain chacun notre tour dans la bassine, et les dimanches, après le catéchisme, nous nous asseyions tous sur la pelouse pour boire la limonade de mon père, qu'il nous servait dans une grosse cruche de verre. La limonade était toujours un peu verte et sure, comme la lune lorsqu'elle est bien haute dans le ciel d'été. En buvant la limonade, nous écoutions le phonographe Victrola que Noreen avait sorti de la maison avec une pile de disques. C'étaient tous de très vieux disques, très épais, et leurs titres étaient : *I Know Where The Flies Go*, *The Big Rock Candy Mountain*, *Hand Me Down My Walking Cane*. Il y avait aussi un dialogue entre pensionnaires : « Pourquoi est-ce que tu ne veux pas manger la soupe ? » Divers commentaires élogieux sur la soupe et ses qualités de la part des quinze pensionnaires. Puis : « Alors, *pourquoi* est-ce que tu ne veux pas manger la soupe ? » Et le pensionnaire peu gourmet de rétorquer : « Parce que j'ai pas d'cuiller. »

Au cas où personne n'aurait ri – mais bien sûr, nous riions toujours – la compagnie de disques avait eu la bonne idée d'ajouter des rires pour remplir les vides. Ces dimanches après-midi sont bien loin maintenant, et si j'avais su que je n'en connaîtrais plus de pareils, je les aurais passés plus lentement.

Nous commençâmes à grandir. Noreen en était heureuse, mais Kate et moi détestions secrètement vieillir. Nous étions beaucoup trop faibles pour faire face à la réalité. Nous étions suffisamment faibles pour préférer ce que nous avions été, enfants, à ce que nous voyions souvent les gens devenir, des gens qui travaillaient tout le jour à des occupations ennuyeuses, absurdes, dormaient toute la nuit et travaillaient tout le jour et ainsi de suite jusqu'à leur mort. Je crois que tante Coraline avait éprouvé le même sentiment étant jeune et avait résolu le problème en tombant malade. Malheureusement pour nous, ni Kate ni moi ne pouvions nous résoudre à choisir cette voie. Je ne sais pas ce que Kate décida, mais à onze ans, je décidai que l'enseignement n'apparaissait ni trop ennuyeux ni trop difficile, aussi serais-je instituteur. C'était ma seule chance d'éviter de me retrouver là où mon père était tombé. Pour devenir instituteur, il fallait aller à l'école secondaire pendant cinq ans et faire une année à l'École normale. À deux milles de chez nous dans la ville de Partridge se trouvait une école secondaire.

Ce ne fut que l'été suivant mon examen d'entrée que je commençai à m'effrayer de la nouvelle vie qui m'attendait. Ce printemps-là, Noreen était allée travailler comme aide domestique chez une dame en ville. À ma demande, elle alla jeter un coup d'œil à l'école secondaire. Elle était située juste à côté de la prison, et Noreen nous écrivit qu'entre les deux endroits, elle aurait de loin préféré aller en prison, et pourtant on venait juste d'élever les barrières de la prison de trois pieds. De cet été, je me rappelle particulièrement un lourd dimanche après-midi d'août où j'avais marché, apathique, jusqu'à la boîte aux lettres. M'y appuyant, j'avais regardé la route en direction de la ville. Passé notre maison, la route gravissait une colline, mais pas complètement, puisqu'elle bifurquait un peu, hésitait et disparaissait, en quelque sorte, de l'autre côté. Quelque part sur cette route se trouvait un immense édifice qui m'engloutirait pendant cinq ans. La raison pour laquelle j'avais voulu quitter toutes ces choses familières m'échappait presque entièrement et celle pour laquelle les gens devaient grandir et quitter la maison m'échappait aussi. Je regardai d'abord la route, puis le ciel couvert en y réfléchissant. J'essayai d'imaginer à quoi l'école secondaire ressemblerait, mais tout ce que je pouvais voir ou sentir était une vague puissante se soulevant pour m'emporter vers quelque chose qui me secouerait ferme.

Tôt le matin, je partais à pied pour l'école avec ma boîte à lunch et mes manuels sous le bras. Et je retournais à pied à la maison le soir. Je n'ai plus aujourd'hui aucun des manuels que nous utilisions dans cet établissement, car je les ai vendus lorsque j'ai quitté l'école. Je me souviens très peu de ces livres, sinon

que le manuel de français était gros et bleu. Il y avait
quinze matières en tout : la pratique des affaires (on y
apprenait comment écrire un chèque et payer les
comptes d'électricité, des connaissances qui jusqu'ici
ne m'ont été d'aucune utilité), l'anglais, la géographie,
les mathématiques, le français, l'orthographe, l'histoire,
l'éducation physique, la musique, les arts, les sciences
(on nous y montrait comment allumer un bec Bunsen).
Il devait y avoir d'autres matières, car je suis certain
qu'il y en avait quinze. Je ne me suis jamais habitué à
l'école secondaire. Il y avait tant de salles, tant de gens,
tant de professeurs. Les professeurs étaient vigilants
comme des dieux païens et il était pénible de leur dé-
plaire. Presque immédiatement, je devins l'objet du
dégoût et de la rage de chacun. Le professeur de géographie grognait contre moi, le professeur d'anglais
m'envoyait faire le pion dans le coin. Le professeur
d'histoire me traitait d'imbécile. Le professeur de français maudissait mon accent. Dans la classe d'éducation physique, je tombai des barres parallèles à
d'innombrables reprises, montrant par là, comme le
moniteur le remarqua, que je ne savais pas coordon-
ner mon esprit et mon corps, et que je ne le saurais
jamais. Ma section du corps de cadets découvrit que
la seule façon de rendre le progrès possible dans les
manœuvres était de me placer en plein centre des rangs,
loin de toutes les positions clés. Dans la classe de travaux manuels, je brisai toutes sortes de scies coûteu-
ses et on m'administra une solide correction pour avoir
fait quelque chose au tour en fer. Sans raison apparente, le professeur d'art s'empourpra, me conduisit
dans le corridor et frappa mes mains sans défense avec
une courroie de cuir. Le professeur de français m'envoya

un jour dans le corridor, un sort bien pire que d'être mis au coin, car le directeur arpentait à toute heure les corridors à la recherche de gibier à traquer. La personne qu'il y trouvait, il l'emmenait à son bureau, où il lui administrait un petit quelque chose calculé pour l'éloigner des corridors par la suite.

Franchement, je devais être nigaud, et je l'étais sûrement, et pourtant je commettais ces bêtises principalement parce que c'était ce que tout le monde attendait de moi. Peu à peu, je commençai à pouvoir me maîtriser et à donner à tout le moins quelque chose qui ressemblait à une bonne réponse lorsqu'on m'interrogeait. Chaque soir, au début, lorsque je revenais de l'école, Kate me demandait comment j'aimais l'école secondaire. Je répondais, aussi vaillamment que possible, que les choses allaient bien pour moi. Mais vraiment, peu à peu, je commençais à m'en tirer pas trop mal et j'aurais peut-être été un peu heureux si quelque chose, qui n'avait rien à voir avec mes études, ne m'avait rejeté dans une plus grande misère.

Ce nouveau malheur avait à voir avec l'endroit où les élèves de la campagne prenaient leur repas du midi. Cet endroit était la cafétéria, qui était divisée en deux sections : celle des filles et celle des garçons. Je prenais mes repas depuis environ un mois à la cafétéria des garçons lorsque je remarquai qu'un certain jeune homme (on ne pouvait pas l'appeler un garçon) s'asseyait toujours près de moi, me tournant le dos, à la table voisine. La cafétéria était une salle du sous-sol où avaient été disposées trois grandes tables et des rangées de chaises réparées avec de la broche. Or mon repas comprenait invariablement une petite bouteille de lait. Cette bouteille était à l'origine une bouteille de vinaigre et il était très difficile d'y boire à moins de renverser la tête et d'en avaler le contenu d'un trait. Un jour que j'avais fini mes sandwiches et que je buvais mon lait, il se retourna et dit tranquillement : « Est-ce que bébé aime son biberon ? »

Je rougis et m'arrêtai immédiatement de boire. Puis j'attendis qu'il finisse son repas et qu'il parte. Le regard baissé et le visage rouge de honte, je me sentis suffoquer de colère en pensant à Kate et à tante Coraline qui m'envoyaient le lait de mon repas dans une bouteille de vinaigre. Je finis par me rendre compte qu'il avait terminé son repas et qu'il ne partirait pas avant moi. Je remis la bouteille de vinaigre dans ma boîte à lunch, quittai à grands pas la cafétéria des garçons et montai dans la classe, laissée ouverte pendant l'heure du dîner afin que les gens de la campagne puissent y étudier. Il m'y suivit et s'assit sur la chaise en face de moi avec – c'est ce que j'arrivai à découvrir les deux fois où je le regardai furtivement – un sourire de dérision. Il avait le visage et le teint d'un Amérindien, les lèvres épaisses et portait une chemise vert foncé. Avec lui assis à côté de moi, je n'eus jamais la chance d'apprendre les produits de la Nouvelle-Zélande et de l'Australie par cœur et ainsi j'échouai le test de géographie que nous eûmes cet après-midi-là. Jour après jour, il me tourmentait. Jamais il ne me frappait. Il ne faisait que rester près de moi à commenter la façon dont je prenais mes repas ou ne buvais pas mon vinaigre et une fois, il tira la chaise sous moi. Depuis notre première rencontre, je n'avais jamais rien bu en sa présence. Entre lui et mes amis les professeurs, ma vie était une sorte d'enfer où il y avait trop de démons tourmenteurs et pas assez de moi pour les satisfaire tous. Si j'avais eu la moindre parcelle de courage, j'aurais brûlé l'école.

Enfin, vers la mi-novembre, j'eus la bonne idée de me rendre à la bibliothèque municipale après avoir mangé. Beaucoup d'autres élèves de la campagne s'y rendaient aussi. La plupart gloussaient devant des magazines ou cherchaient des gravures et des photos de sculptures classiques sur lesquelles ils ajoutaient des détails obscènes, ou – s'ils étaient plus doués que la moyenne – des remarques grivoises. Pendant une longue et bienheureuse semaine, la Brute semblait m'avoir perdu, car il n'apparut pas à la bibliothèque. Un jour, je levai les yeux – j'étais en train de lire un ouvrage ennuyeux – et il était là. Il avait mon bonnet à la main et ne voulait pas me le redonner. Comment il avait pu l'avoir en sa possession, je ne pouvais l'imaginer. Comment j'allais le récupérer, je ne pouvais l'imaginer non plus. Il dut me le redonner, je ne me rappelle plus maintenant. Bien sûr, ce n'était pas la sorte de chapeau que tout le monde portait, comme vous pouvez le supposer. C'était une tuque de laine rouge et blanche que Noreen avait portée. Tous les autres garçons de l'école portaient un feutre mou ou du moins une casquette.

Durant la période bibliothèque de son intimidation, il s'asseyait le plus près possible de moi et me chuchotait des obscénités dans les oreilles. Après deux semaines de ce régime, j'étais assez désespéré et je décidai de ne plus aller à la cafétéria. Je pris mes livres et mon repas et sortis marcher dans les rues. On était au début de décembre et une épaisse couche de neige recouvrait tout. Je courus aussi vite que je pus, dépassant la prison, descendant dans les jardins de la ville, traversant la rivière, passant sous un pont, pour me retrouver de l'autre côté de la rivière. Je ne savais pas du tout où je pourrais m'arrêter pour manger jusqu'à ce que je voie le cimetière, juste devant moi. C'était un endroit qui semblait assez sûr. Je pourrais avaler mes sandwiches sous un arbre puis me réchauffer en lisant les inscriptions sur les tombes et en marchant.

Le deuxième ou troisième jour, je découvris que les portes du mausolée étaient ouvertes et qu'il y avait deux bancs, à l'intérieur, et des casiers[2] de marbre dans lesquels on pouvait être inhumé, ce qui valait mieux que le sol froid. J'y revins jour après jour, me délectant du calme morbide du lieu. Je m'asseyais sur l'un des bancs de noyer et me récitais à voix basse les verbes irréguliers en français ; je mémorisais les ressources minérales de la Turquie ou l'histoire de la rébellion du Haut-Canada. Tout autour et au-dessus de moi, des citoyens morts gisaient dans leurs cercueils, leurs bagues étincelant dans l'obscurité, leurs ongles devenus longs comme de fines carottes blanches, leurs cheveux ayant poussé, rebelles, jusqu'à leurs épaules. Personne ne venait jamais m'y déranger. Les ongles et les cheveux des gens continuent vraiment de pousser après leur mort, vous savez. Tante Coraline l'a lu dans un livre.

Personne ne me dérangeait jamais au mausolée. Le vent gémissait dans ce lieu sinistre, mais aucune autre voix n'y gémissait. Une seule fois, j'éprouvai de

---

2. NdlT : « *a marble pigeon-hole* » : jeu de mots probable avec *to pigeonhole*, qui signifie « enterrer provisoirement, mettre de côté » ; peut-être l'auteur faisait-il aussi référence au verbe *to pigeon-hole* : « to deposit a corpse in a columbarium » : « mettre une dépouille au columbarium » (Oxford English Dictionary : rare).

la difficulté à ouvrir les lourdes portes lorsque le signal de l'usine se fit entendre et qu'il fut temps de reprendre le chemin de l'école. Je revenais habituellement à l'école à une heure vingt. Mais un jour, le vent affaiblit le sifflement du signal et j'arrivai à l'école à une heure trente pile. Si cela avait été permis, j'aurais peut-être couru vers la porte des filles, ce qui m'aurait évité un retard. Mais ce n'était pas permis, et comme la porte des garçons était à l'autre extrémité de l'édifice, il était déjà tard lorsque je l'atteignis, et je dus rester après quatre heures.

Juste avant Noël, il y eut un *At Home* à l'école. Lorsqu'on prononce *At Home,* l'accent tonique est habituellement mis sur le *AT*. Tout le monde va au *AT Home*. Les billets sont la plupart du temps des moitiés de vieux billets invendus de l'opérette de l'année précédente. Noreen m'avait forcé à l'emmener parce qu'elle voulait voir ce qu'était un *AT Home*. Cela ne l'ennuyait pas que je ne sache pas danser. Tout ce qu'elle voulait, c'était se délecter au compte-gouttes et par procuration des joies ineffables de l'éducation supérieure. Nous nous rendîmes d'abord dans les salles où les travaux scolaires étaient exposés. Noreen s'attendait toujours à voir quelques-uns de mes travaux exposés et était sans cesse déçue. J'étais très nerveux avec les pinceaux, aussi, aucune de mes peintures n'était à l'exposition d'art. Aucun de mes exercices d'écriture n'était à l'exposition de calligraphie. Je n'avais pas réussi à maîtriser mes exercices à main levée et pourtant, loin de mon professeur de calligraphie, j'arrivais à former des lettres qui semblaient avoir été dessinées par la main la plus déliée qu'on puisse imaginer. À l'exposition de géographie, aucun de mes tableaux de ressources naturelles n'avait été épinglé. Noreen en fut très chagrinée. Moi j'avais appris à ne pas y accorder d'importance. Par exemple, presque tous les bâtons pour soutenir les fenêtres qu'avaient fabriqués les élèves de la classe de travaux manuels y étaient. Pas le mien, parce que je l'avais aplani jusqu'à ce qu'il lui reste moins d'un demi-centimètre d'épaisseur, et comme mon professeur l'avait fait remarquer, il n'aurait pu soutenir une plume. Mais je n'y accordai pas d'importance.

Noreen et moi allâmes dans le gymnase des filles, où l'on présentait un court métrage dont la pellicule brune montrait des jardiniers hollandais taillant des haies en forme d'oies et de poules, de canards et de paons. Les jardiniers taillaient si rapidement avec leurs cisailles que les canards et les paons semblaient littéralement bondir des haies vers nous. Noreen et moi nous demandions comment ces jardiniers allaient conserver leur emploi s'ils continuaient de tailler les arbres à cette vitesse. Puis, nous nous rendîmes dans le gymnase des garçons, où des jeunes hommes presque entièrement nus et couverts de peinture d'or prétendaient être des statues. Après les avoir regardés pendant un moment, Noreen et moi remontâmes à la salle de bal, où la danse avait commencé et où des jeunes filles flottaient timidement au bord du parquet. Quelques-unes de ces timides jeunes filles étaient vêtues de robes du soir confectionnées à la main, qui semblaient être faites d'une fine gaze à moustiquaire nappée de sucre à glacer. Noreen portait l'une des anciennes robes de sa patronne. C'était certainement une robe ancienne, qui devait avoir été faite autour de 1932 j'imagine, car une masse bossuée en émergeait au milieu du dos. Noreen, je le sais, se trouvait un air extrêmement distingué. Je lui trouvai seulement un air extrêmement ordinaire.

Elle désirait tellement danser. Alors nous montâmes au troisième étage et là, Noreen essaya de me montrer à danser en une leçon, mais cela ne servit à rien. Elle me demanda de lui présenter quelques-uns de mes amis qui dansaient. Je n'avais pas d'ami, mais il y avait ce garçon qui m'empruntait ce que je possédais presque quotidiennement. C'était sa chance de s'acquitter de sa dette s'il dansait. Nous l'eûmes bientôt capturé, mais quoique Noreen se soit cramponnée à lui une bonne partie de la soirée, et bien que nous l'ayons conduit à l'entrée de la salle de bal, déclarant vigoureusement et régulièrement que ce devait être agréable de danser, il n'invita pas Noreen. Alors nous descendîmes au sous-sol à la salle des arts ménagers, où l'on servait un punch et des sablés avec des perles argentées au milieu. Il y avait foule dans la salle, et avant que nous ayons pu nous en rendre compte, il nous avait faussé compagnie. Alors Noreen me demanda : « Où dînes-tu ? Kate me disait qu'elle te prépare ton repas du midi à tous les soirs. » Je répondis que je le prenais à la cafétéria des garçons.

« Oh, où ça ? Allez. Montre-moi.

– Ce n'est pas très intéressant, dis-je.

– Montre-moi tout de même. Montre-moi, insista Noreen avec entêtement.

– C'est par ici, en bas. »

Nous passâmes près de la salle où se trouvait la chaufferie. « C'est la chaufferie, Noreen. Voici la cafétéria des filles. Voilà la ... »

Il faisait noir dans la cafétéria des garçons et je tâtai le mur de l'entrée à la recherche du commutateur. J'entendis quelqu'un grimper à l'une des fenêtres. Quelqu'un qui ne voulait pas acheter de billet, supposai-je. Probablement quelqu'un qui avait l'habitude d'y venir le midi et qui avait pensé à laisser une fenêtre ouverte. Avant que j'aie pu l'avertir de ne pas allumer, Noreen avait trouvé le commutateur et ouvert la lumière. La personne qui se trouvait à la fenêtre s'avéra être mon ami la Brute. Comme un animal sauvage il fixa son regard sur nous pendant une seconde puis bondit dehors par la fenêtre.

« Eh bien, qui diable était-ce ? demanda Noreen.

– Je ne sais pas, dis-je, tout tremblant.

– Ne tremble donc pas comme une feuille ! me reprocha Noreen d'un air méprisant. Tiens, tu as l'air de quelqu'un qui vient de voir un fantôme. Qu'est-ce qu'il a de si effrayant ?

– Rien, répondis-je, appuyé contre le mur, la main sur le front. Rien. »

Mes vacances de Noël furent hantées par ma crainte de ce qui arriverait lorsque je retournerais à l'école après le jour de l'An. Malgré cela, pas une fois je ne me plaignis à mon père ou à tante Coraline. Ils auraient été trop heureux de m'entendre dire que je ne voulais pas retourner à l'école. Je devais tant bien que mal tenir le coup jusqu'au printemps, jusqu'à la fin de la première secondaire, du moins. Mais je savais qu'avant que le printemps n'arrive, la Brute me traquerait, et si je le rencontrais une autre fois, je ne donnais pas cher de ma peau. Je me souviens que pendant ces vacances de Noël, j'allai souvent marcher avec Kate dans les champs que la neige recouvrait comme

un linceul. J'espérais alors que nous pourrions continuer à marcher indéfiniment. Je confiai à Kate que
j'étais malheureux à l'école secondaire et mes aveux
nous rapprochèrent. Si je m'étais confié à Noreen elle
m'aurait traité d'imbécile et je l'aurais détestée pour
cela. Kate m'avait toujours montré plus de sympathie.

Le matin de mon retour à l'école, je trouvai une
note dans mon pupitre. Voici tout ce qu'on y disait :
Je veux te voir manger là où tu devrais manger
aujourd'hui, bébé. À midi, je me cachai dans l'essaim
d'élèves de la ville qui rentraient dîner à la maison et
j'arrivai au mausolée par un détour. Je ne parvenais
pas à me rentrer dans la tête que quelqu'un puisse me
suivre ou me surveiller, ce qui pouvait bien être vrai,
puisqu'il avait beaucoup d'amis.

J'étais juste au milieu de mon repas, assis sur un
banc en face de la tombe de l'honorable Arthur P.
Hingham, lorsque j'entendis la Brute qui essayait
d'ouvrir les grandes portes du mausolée. Mais il ne
semblait pas y arriver. Enfin, il les ouvrit. Tout ce dont
je me souviens, c'est d'avoir vu le bord de la porte qui
avançait, car je tombai du banc en perdant connaissance. Lorsque je repris mes esprits, il était une heure
trente, aussi, je me dirigeai vers chez moi. J'avais un
violent mal de tête, comme si quelqu'un m'avait
frappé, ce qui s'avéra être le cas, car je découvris une
bosse juste sous mon œil gauche, qui vira au bleu après
quelques heures. Sur le chemin du retour, cet après-
midi-là, arrivé à un endroit de la route d'où l'on peut
voir notre maison, je me trouvai incapable d'aller à
l'école secondaire plus longtemps. Alors je retournai
à la maison et je leur dis que j'avais été expulsé pour
être rentré à l'école par la porte des filles. Ils ne se

doutèrent jamais que je pouvais leur avoir menti, si grande était leur ignorance des écoles secondaires et de leurs règles. Noreen douta de moi, mais lorsqu'elle eut vent de mon expulsion, il était déjà trop tard pour me renvoyer à l'école. Tante Coraline pleura un peu sur tout ce qui était perdu. Mon père en conclut que cela montrait bien que ma place était à la ferme. Seule Kate avait pris conscience de l'importance qu'avait eue l'école pour moi et de l'acharnement avec lequel j'avais essayé de m'adapter.

Ce soir-là, alors qu'un fleuve de vent puissant et froid mugissait autour de la maison et ébranlait tout, faisant s'entrechoquer la vaisselle dans le buffet en bas, ce soir-là, je fis trois rêves. Je n'ai jamais pu découvrir leur signification.

D'abord je rêvai que Noreen était la Brute et que je l'avais surprise à laver son déguisement dans l'abreuvoir de la cour. Puis je rêvai que je voyais la Brute faire l'amour à Kate, qui le serrait dans ses bras et l'embrassait. Le dernier rêve que je fis était aussi le plus long. Je rêvai que, juste avant l'aurore, j'étais sorti de la maison pour me rendre dans la cour. Toutes les lettres que Noreen avait formées avec des grains en nourrissant les poules avaient germé en lettres vertes d'herbe et de blé. Quelqu'un me toucha l'épaule et dit tristement : *J'ai pas d'cuiller*, mais je m'enfuis sans lui répondre à travers champs, vers le bois. Il y avait là un étang circulaire entouré d'un buisson de jeunes cerisiers de Virginie. Je m'y frayai un chemin et parvint au bord de l'étang. Là gisait la Brute avec un air presque pitoyable, bras et jambes liés par des cordes d'orties vertes. Il s'était noyé ; le corps se trouvait à moitié submergé, avec le visage au-dessus de l'eau. Et

dans la pâle lumière de l'aurore, je me mis à genoux
et l'embrassai doucement sur le front.

MAVIS GALLANT

L'accident

Née à Montréal en 1922, Mavis Gallant a passé la plus grande partie de son enfance et de son adolescence au Canada. À vingt-sept ans, après que le *New Yorker* eut accepté de publier l'une de ses nouvelles, elle quitte son emploi de journaliste au *Montreal Standard* pour devenir écrivaine. Elle élit domicile à Paris, où elle vit toujours. Une douzaine d'œuvres de fiction ont paru depuis, principalement des recueils de nouvelles, dont la plupart ont été traduits. Parmi ses œuvres les plus connues citons *The Other Paris* (1956), *My Heart is Broken* (1964) / *L'été d'un célibataire* (1990 ; trad. de Jean Lambert), *Green Water Green Sky* (1959) / *Ciel vert, ciel d'eau* (1993 ; trad. de Éric Diacon), *A Fairly Good Time* (1970), *The Pegnitz Junction* (1973) / *Voyageurs en souffrance* (1996 ; trad. de Suzanne Mayoux), *The End of the World and Other Stories* (1974), dont est tirée la nouvelles « L'accident » (1970), *From The Fifteenth District* (1979) / *Les quatre saisons* (1989 ; trad. de Pierre-Edmond Robert), *Home Truths* (1981) / *Voix perdues dans la neige* (1991 ; trad. de Éric Diacon), qui lui a valu le Prix du Gouverneur général, *Overhead in a Balloon : Stories of Paris* (1985) / *Rue de Lille* (1988 ; trad. de Pierre-Edmond Robert), *In Transit* (1988) / *Poisson d'avril* (1995 ; trad. de Geneviève Doze), *Across the Bridge* (1993) / *De l'autre côté du pont* (1994 ; trad. de Geneviève Doze), *The Moslem Wife and Other Stories* (1994), *The Selected Stories of Mavis Gallant* (1996). Elle a par ailleurs écrit deux essais, *Paris Notebooks* (1986) / *Chroniques de mai 68* (1988 ; trad. de Françoise Barret-Ducrocq) et *The Affair of Gabrielle Russier* (1971) ainsi qu'une pièce de théâtre, *What is to be done ?* (1983). Officier de l'Ordre du Canada (1981), récipiendaire du prix littéraire Canada-Australie (1983), Mavis Gallant a reçu les titres de Honorary Foreign Member of the American Academy of Arts and Letters (1989), de Fellow of the Royal Society of Literature (1989) et de Compagnon de l'Ordre du Canada (1993). Elle est également titulaire de deux doctorats honorifiques, l'un de l'Université York à Toronto et l'autre de l'Université Sainte-Anne, en Nouvelle-Écosse (1984). En 1996, le Conseil des Arts du Canada lui a décerné le prix Molson pour l'ensemble de son œuvre.

I

J'étais fatiguée et je ne comprenais pas toujours ce qu'on me demandait. J'empruntai un crayon et écrivis :

Peter Higgins
Calgary 1935 – Italie 1956

Mais il y avait encore de la place sur la pierre tombale, et le pasteur anglais de cette ville italienne, qui faisait tout ce qu'il pouvait pour moi, me dit : « N'y a-t-il rien d'autre, mon enfant ? » Pete n'avait-il pas été mon mari, le fils de quelqu'un ? C'était ce qu'il me demandait. Cela me semblait pourtant suffisant. Pete nous avait reniés, il était parti sans nous. Le temps qu'il avait vécu pouvait avoir de l'importance, si jamais quelqu'un s'en souciait, mais j'ai dû sentir même alors que personne ne me demanderait jamais qui il avait été. Son père me demanda, un jour, d'écrire ce que je me rappelais de lui. Il voulait fabriquer une plaquette commémorative pour en distribuer des exemplaires à Noël, mais sa femme mourut, et il devint prudent avec les souvenirs. Même si j'avais voulu, je n'aurais pas pu en dire grand-chose : seulement un ou deux détails sur la façon dont Pete est mort. Sa mère possédait quelques renseignements le concernant, et j'en avais aussi, mais jamais assez pour décrire une vie. Elle en avait cette connaissance parfaite qui rend les parents perplexes en fin de compte : elle connaissait tout de

95

lui, sauf ce qu'il pensait d'elle et sa façon d'être avec moi. Ils n'avaient jamais été égaux. Elle était une adulte, une partie de sa vie avait été vécue, et elle avait pris l'habitude des secrets avant qu'il n'ait conscience de son existence. Elle dit, plus tard, qu'elle et Pete avaient été amis : comment pouvez-vous être l'ami d'une personne sur qui vous avez eu de l'autorité pendant vingt ans alors qu'elle n'a jamais eu d'autorité sur vous, ne serait-ce que pendant un instant ?

Il ne ressemblait pas à sa mère. Il me ressemblait. En Italie, pendant notre voyage de noces, on nous croyait frère et sœur. Notre taille, nos lunettes, nos doux regards de myopes, notre assurance, nos vêtements confortables faisaient que, pour les Italiens, nous semblions apparentés et en quelque sorte inclassables. Seul un Nord-Américain aurait pu deviner ce qu'étaient nos familles, notre éducation, et d'où provenait l'argent de notre voyage. La plupart du temps, nous n'étions que des visages souriants et anonymes, comme ceux des touristes des réclames, mais nous n'étions pas aussi propres que ces couples, et pas tout à fait aussi adultes. Nous ne nous sentions pas mariés : la lune de miel dans les hôtels, dans des lits étrangers, les repas que nous partagions dans des petits restaurants animés et bon marché prolongeaient la clandestinité de l'amour avant le mariage. C'était toujours un jeu, mais dorénavant nous avions devant nous un temps infini. Je devins audacieuse et balayai l'univers du revers de la main. « C'était une sale petite épreuve, dis-je, et on nous a laissé tomber il y a longtemps. » J'avais été élevée par une mère veuve, dominatrice et pessimiste, et d'avoir pu dire à voix haute : « On nous a laissé tomber il y a longtemps » montre bien où j'en étais arrivée.

L'assurance de Pete était naturelle, mais la mienne était fragile, récente, et avait grandi avec l'amour. Suivant une autre route, il était plus préoccupé par ses parents que par Dieu. Dans toutes nos conversations transparaissait maintenant une éclatante trahison. Pete s'interrogeait sur ses parents, mais moi je trouvais plus rassurant de discréditer la Création. Ma mère m'avait fait connaître la force du juste ; je pensais encore que le ciel me tomberait sur la tête si je parlais trop.

Ce qui me frappait dans ces échanges secrets, c'était la façon dont nous jugions dorénavant nos parents, en prenant nos distances, comme si c'étaient des gens que nous avions rencontrés en voyage. L'idée que lui et moi puissions être frère et sœur me traversa l'esprit. Et si Pete ou moi avions été adoptés ? Nous avions été élevés dans des régions différentes du Canada, mais nous étions des enfants uniques, et ni lui ni moi ne ressemblions à nos présumés parents. Lorsque je l'observais – allant presque jusqu'à traquer ses manies, que je pouvais revendiquer –, je reconnaissais chez lui ma propre habitude de m'étaler, d'étendre des cartes routières et des journaux sur le sol. Il avait un robuste appétit pour le pain, les pâtisseries et les desserts sucrés. Il était facilement ivre et facilement malade. Oui, nous étions semblables : nous bavardions dans des chambres d'hôtels en buvant la boisson locale, la grappa ou le vin, ou ce qu'on nous offrait, étendus sur le ventre en travers du lit, la bouteille, le verre et le cendrier par terre. Nous nous étions mis d'accord pour jouer franc jeu, pour vivre sans secrets, bien que ni l'un ni l'autre ne sût ce qu'était un secret. Je l'admirais comme je n'aurais jamais pu m'admirer moi-même. Je me souviens que ma mère, jusque-là seul maître à bord, avait dit qu'un jour – un jour sans arbres, sans soleil – la vraie vie me rattraperait, et qu'alors seulement je réaliserais à quel point j'avais été sotte et gâtée.

Le plus long moment que lui et moi ayons passé ensemble dans un endroit était ces trois jours dans un village pas très loin de la côte ligurienne. Je croyais que le seul succès de ma vie, ma seule réussite, serait ce mariage. Dans un rêve, il vint à moi avec les plans d'une maison. Je vis les lignes blanches sur le papier bleu, et il me montra la loggia qu'il y ferait construire. « Ce n'est pas tout à fait ce que nous voulons, dit-il, mais c'est mieux que tout ce que nous avons maintenant. – Mais nous ne pouvons nous le permettre, nous n'avons pas les moyens », m'écriai-je, prise de panique, et je m'éveillai saine et sauve, dans une chambre où je remarquai l'aurore, la fenêtre, les premiers oiseaux du matin. Il faisait encore noir, et Pete dormait toujours.

II

La dernière ville de notre séjour en Italie n'était qu'une plage noire, avec du sable comme de la suie et des maisons fermées, endormies, car c'était le milieu de l'après-midi. Nous ne nous y étions arrêtés que pour changer de train. Nous étions en route pour Nice, puis nous nous rendrions à Paris, puis chez nous. Nous avions confié nos bagages à un porteur de la gare, et nous flânions dans les rues vides, brûlées par le soleil, épuisant un rouleau de pellicule. Nous devions bien avoir des centaines de photos de l'un et de l'autre sur des places de marchés, près de lauriers-roses, nos silhouettes tranchées par une ombre de la grosseur d'une allumette, ou adossés, les yeux plissés, contre les persiennes écaillées de midi. Pete décida de photographier un hôtel avec un chat sur le perron, un policier et un stand de souvenirs, comme s'il n'avait jamais vu de telles choses au Canada – comme si c'étaient des monuments. Je ne l'ai jamais entendu dire qu'une chose était laide ou ennuyeuse, car si elle l'était, quel intérêt pouvait-elle avoir pour nous ? On nous dévisageait souvent, parce que nous étions sortis de notre milieu et ne cadrions pas avec notre nouvel environnement. Ce jour-là, on me regarda plus que lui. Des hommes, discutant sur des seuils sombres, appuyés contre les façades de boutiques inhospitalières, m'observaient. Je voyageais en shorts, en chemisier et en sandales à semelles de corde. Je sais maintenant que ce costume déplaisait, mais je ne sais pas pourquoi. Mes vêtements n'avaient rien d'indécent. Ils ressemblaient beaucoup à ceux de Pete.

Il n'avait peut-être pas remarqué les hommes. Il était toujours à l'affût de quelque chose à photographier, de quelque chose à faire, et parfois il passait à côté des visages. Dans la rue escarpée qui menait à la gare, il s'appliqua à prendre la photo d'une boulangerie ; il acheta un pain en forme de croissant, à la croûte molle, pâle, et le mangea là, dans la rue. Il n'avait pas faim ; c'était pour passer le temps. Les persiennes closes s'ouvrirent soudain dans l'après-midi, et des filles apparurent, des filles à la chevelure abondante, qui sentaient le jasmin et le chèvrefeuille. Elles marchaient main dans la main, portaient des bas pâles et des chaussures blanches et propres. Leurs robes – bleues, citron, pêche très clair – fleurissaient sur des jupons bruissants. Chez nous, je les aurais trouvées de mauvais goût, et j'aurais grimacé à l'odeur de leurs parfums bon marché, mais ici, chez elles, elles étaient ravissantes. Je crus que Pete les regarderait puis les comparerait à moi, mais il remarqua simplement : « Comment peuvent-elles supporter ces vêtements par une journée pareille ? » Ainsi la vraie vie, la grisaille des jours interminables, tardait encore à s'installer. Je me méfiais de la vraie vie, car je ne connaissais rien d'elle. C'était un monde entre deux âges, dépourvu de sentiments, où personne n'était aimé.

Ne sachant plus que faire de son pain, il le jeta et posa la main sur une Lambretta blanche appuyée contre le bord du trottoir. Il la redressa, l'examinant. Il commit deux crimes en une seconde : il avait gaspillé du pain et touché un engin ne lui appartenant pas. Je sus plus tard qu'il s'agissait de crimes, lorsque cela ne servait plus à rien de savoir, pour aucun de nous deux. La direction de la Lambretta était verrouillée. Il vit alors une bicyclette, qui appartenait, pensait-il, à un vieil homme assis sur une chaise de cuisine sur le pavé. « Ça ne vous dérange pas ? » Pete montra du doigt la bicyclette, puis sa propre personne, puis indiqua la côte qui descendait. De la main, il ébaucha un geste circulaire pour signifier qu'il reviendrait tout de suite. Sa pantomime signifiait aussi qu'il restait encore du temps avant que le train ne parte, que là-haut, à la gare, il n'y avait rien à faire, que manger du pain, photographier des boutiques, descendre une côte à bicyclette et la remonter à pied, c'était faire quelque chose, vivre sa vie jusqu'au bout. Oui, il s'agissait de vivre.

Le vieillard oisif à qui Pete s'était adressé découvrit ses gencives. Pete dut prendre ce rictus pour un sourire. Plus tard, ce vieillard, qui n'était pas le propriétaire de la bicyclette ni de quoi que ce soit sauf du chien gros et malade à ses pieds, dit qu'il s'était écrié : « Au voleur ! », mais je ne l'ai jamais entendu. Pete me lança son appareil photo, et je le vis rouler, puis dévaler, passant devant les filles qui sentaient le jasmin, devant la pâtisserie, descendant jusqu'à l'angle de la rue, où un policier en blanc, sous un parasol, étendit un bras, plia l'autre et donna un grand coup de sifflet. Pete descendait maintenant debout sur les pédales, comme s'il essayait de freiner. Je vis des choses qui n'ont plus aucun sens maintenant – par exemple que le feuillage tamisait le soleil. Il y avait des arbres que nous n'avions pas remarqués. Sous le feuillage, il semblait être sous l'eau. Une auto noire, un sous-marin avec des plaques de Belgique, stationnée en biais, démarra. Je vis la lumière du soleil diffractée en six endroits sur la peinture de l'auto. Ma vue se décomposa, comme si la mer était devenue noire, opaque, et avait giclé sur le policier et la rue, et j'ai hurlé : « Il va ouvrir sa portière ! » Plus tard, tout le monde me dit que je m'étais trompée, car pourquoi le Belge aurait-il démarré, pourquoi aurait-il déboîté sa voiture pour *ensuite* ouvrir brusquement sa portière ? Il s'était arrêté près d'un bureau de change ; peut-être avait-il oublié ses lunettes de soleil ou un reçu. Il démarra, s'arrêta brusquement, claqua violemment sa portière. Je vis cela, puis je vis son auto s'éloigner. Personne n'avait noté le numéro de sa plaque.

Des étrangers firent s'agenouiller Pete, puis le firent relever, et ils époussetèrent la bicyclette. Ils le forcèrent à marcher. Pour aller où ? Personne ne voulait de lui. Vers une pharmacie, enfin. Avec une voix de perroquet, il dit au policier : « Ne touchez pas à mon

coude. » Le pharmacien dit : « Il ne peut pas rester ici »,
car Pete vomissait, mais faiblement – une toux faible,
comme celle d'un nourrisson. Je me trouvais parmi une
vingtaine de personnes, spectatrice avec deux appareils
photo autour du cou. Dans le salon d'un bon samari-
tain on installa Pete sur un divan, un coussin sous sa
tête et un autre sous son bras ballant. Le vieillard apparut alors, essoufflé, avec son chien qui se dandinait,
et s'écria que nous avions devant nous un vulgaire
voleur, et tous l'écoutèrent, stupéfaits, jusqu'à ce qu'il
crache sur le tapis ; alors, on le renvoya.

Lorsque je touchai timidement Pete, essayant d'essuyer son visage avec un kleenex froissé – tout ce que
j'avais –, il crut que j'étais l'un des étrangers. Ses
lèvres avaient pris une teinte violacée, comme s'il avait
été dans de l'eau glacée. Ses yeux me regardèrent, mais
il ne me voyait pas.

« Une ambulance », dit un médecin que le policier
avait ramené. Il parlait fort et lentement, ayant affaire
à des imbéciles.

« Oui, ai-je entendu en anglais, nous devons faire
venir une ambulance. »

Maintenant, tout le monde m'examinait. J'étais,
visiblement, responsable de quelque chose. D'avoir
circulé dans les rues en shorts ? D'avoir gaspillé du
pain ? Prenant conscience de mes cheveux moites, de
mes jambes nues, de mon italien insuffisant – de mon
dénuement –, je commençai à expliquer la réelle er-
reur de la journée : « Le train est parti, et toutes nos
affaires sont à bord. Nos bagages. Nous séjournions
dans ce village – oh, comment s'appelle-t-il déjà ? Là
où ils fabriquent le vin blanc. Je ne me rappelle plus,
non, je ne me rappelle plus l'endroit où nous étions.

Je pourrais le retrouver, ce village, vous y emmener ; j'ai seulement oublié son nom. Nous étions ici pour attendre le train. Pour Nice. Nous avions beaucoup de temps devant nous. Le porteur a pris nos affaires et a dit qu'il les mettrait dans le train pour nous. Il a dit que le train attendrait ici, à la frontière, qu'il attendait un bon moment. Il devait nous retrouver à l'endroit où l'on présente son billet. Pour avoir quelques sous de plus, j'imagine. Le train doit être parti maintenant. Mon sac à main est dans le sac de voyage à la... je vais regarder dans le portefeuille de mon mari. Bien sûr que c'est mon mari ! Nos passeports doivent être dans le train aussi. Nos chèques de voyage sont dans nos bagages, les siens et les miens. Nous prenions des photos au lieu d'attendre, assis, là-bas, à la gare. Et puis, il n'y avait pas de place pour s'asseoir – seulement au bar, qui était sombre et sentait mauvais. »

Personne ne crut un mot de tout cela, bien sûr. Laisserait-on ses vêtements, son passeport, ses chèques à un porteur ? À un homme qu'on n'a jamais vu de sa vie ? Un bandit déguisé en porteur, avec une casquette volée sur la tête ?

« Vous n'auriez pas pu prendre le train sans votre passeport », objecta une voix étrangère dans un anglais prudent.

« Et puis, qu'est-ce que vous êtes, vous deux ? » demanda l'homme du bureau de change. Il avait un accent dur de vieux film américain. Il avait les yeux pochés et était petit, mais il semblait supérieur à nous du fait qu'il portait une chemise impeccable. Pete, sur le sofa, avait l'air de quelqu'un qui s'est fait empoisonner ou écraser. « Qu'est-ce que vous êtes ? » demanda à nouveau l'homme du bureau de change. « Des étudiants ? Des Américains ? Non ? Quoi, alors ? Des Suédois ? »

Je vis ce que le médecin avait essayé de me cacher : l'œil de marbre d'une statue.

Le touriste qui parlait un anglais soigné avec un accent étranger dit : « Faites attention aux oreillers. »

« Quoi ? Quoi ? » hurla la malheureuse propriétaire des coussins.

« Du sang coule de ses oreilles », dit le touriste, marquant une pause entre ses mots. « C'est mauvais signe. » Il semblait chercher dans sa mémoire un mot anglais plus approprié. « Un signe *fâcheux* », dit-il, puis il se couvrit la bouche de sa main.

III

Le père et la mère de Pete arrivèrent de Calgary après avoir reçu mon télégramme. Ils prirent toutes les dispositions nécessaires au téléphone, surent exactement quoi apporter. On leur avait donné une chambre ensoleillée, avec vue sur des palmiers tachetés de rouille et une plage, à environ deux kilomètres de l'endroit où l'accident s'était produit. Je m'adossai à l'une des fenêtres et leur racontai ce que je croyais me rappeler. Je regardai les murs blancs, le couvre-lit de satin blanc, la trousse de voyage impeccable de Mrs Higgins et enfin, mes mains.

Ses parents ne s'étaient pas rendu compte que dix jours s'étaient écoulés depuis la mort de Pete.

« Qu'est-ce que tu as fait, ma petite, toute seule ? demanda Mrs Higgins, gentiment.

– J'ai seulement attendu, après vous avoir télégraphié. » Ils semblaient avoir compté sur quelque chose de plus. « Je suis allée au cinéma », ajoutai-je.

De la chambre, nous entendions les cris d'enfants jouant dans le sable.

« Ce sont des orphelines ? » demanda Mrs Higgins, car c'étaient des petites filles, toutes vêtues de la même façon, avec des chapeaux de soleil d'un rose doux.

« On dirait une sorte de colonie de vacances, lui répondis-je. Moi aussi, je me demandais ce qu'elles étaient.

– Cela ferait un charmant tableau, dit la mère de Pete, après un moment de silence. La mer bleue et les religieuses, et tous ces chapeaux colorés. Ce serait très bien dans une salle à manger. »

Ils se portaient trop mal pour me faire des reproches. Mon excuse pour ne pas les avoir prévenus plus tôt était que je n'avais pensé à rien, mais je n'eus pas à me justifier. Je ne pouvais que répéter ce qui me semblait important maintenant. « Je ne veux pas revenir chez moi tout de suite. » J'étais déjà dans l'avenir, ce qui devait les blesser. « J'ai une amie à l'ambassade, à Paris. Je peux habiter chez elle. » Je bougeais à peine mes lèvres. Il leur fallait tendre l'oreille pour saisir mes paroles. Je restais immobile, regardant mes doigts. J'étais devenue très brune ; le soleil avait blondi des mèches de mes cheveux. J'avais plus de grâce que lors de mon mariage, où, je le savais, on m'avait trouvée maladroite – une grande bringue mal dégrossie. C'était ainsi que je m'étais vue dans le regard de mon beau-père. Les chocs brutaux que j'avais éprouvés m'avaient rapprochée de l'idée qu'ils se faisaient de la beauté. Je ressemblais maintenant beaucoup plus au type de fille qu'ils auraient aimé voir Pete épouser.

Ainsi, ils étaient venus pour rien. Ils n'allaient pas le voir, ni l'enterrer, ni ramener sa jeune épouse à la maison. Tout ce que j'avais à leur montrer, c'était une tombe toujours sans inscription.

Lorsque j'osai les regarder, je vis que dans leur façon d'être ils n'étaient pas comme Pete. Aucun des deux n'avait son regard doux et discriminatif. Les yeux de Mr Higgins étaient d'un bleu fanatique. Il était mince, hâlé et ne tolérait pas les choses insensées. Été comme hiver, il voyageait avec sa femme sous des climats nuisibles à sa peau : elle avait le teint clair, une peau fine comme du papier, qui requérait une vigilance constante. Tout cela, je le savais par Pete.

Ils virent sa tombe au meilleur moment de la journée, en fin d'après-midi, lorsque la lumière devient oblique. Le cimetière était dans une vallée encastrée entre deux villes d'une blancheur de plâtre. Un éclat de mer était visible, un coin d'outremer. Ils virent un mur de pierres couvert de roses, roses et blanches, ouvertes, sans secrets. Le bruit de la circulation sur la route nous parvenait, plus doux que la pluie ; puis la vraie pluie tomba, et nous courûmes jusqu'au taxi qui nous attendait, à travers l'orage d'été. Plus tard, ils virent la gare où Pete avait laissé nos bagages pour ne jamais revenir. Comme Pete – comme Pete en avait eu l'intention, ils se rendaient à Nice. Sous une marquise, avant d'arriver à la gare, je m'arrêtai et leur dis : « C'est là que c'est arrivé, là, en bas. » Je montrai l'endroit avec mon gant blanc. Je n'étais pas aussi élégante que Mrs Higgins, mais je ne les mettais pas mal à l'aise. Je portais des gants, des bas, des chaussures.

La rue escarpée était noire comme du pétrole, sous la pluie. Tout était reflété à l'envers. Les images des enseignes au néon du bureau de change et de la pharmacie flottaient sur la chaussée.

« J'aimerais remercier ces gens qui ont été si aimables, dit Mrs Higgins. Avons-nous le temps ? Shirley, je suppose que tu as pris leurs noms ?

– Personne n'a été aimable, dis-je.

– Shirley ! Nous avons rencontré le médecin, et le pasteur, mais tu as dit qu'il y avait un policier, un monsieur hollandais et une dame – vous étiez dans le salon de cette dame.

– Ils y étaient tous, mais personne n'a été aimable.

– Tu as remboursé le vélo ? demanda soudain Mr Higgins.

– Oui, je l'ai remboursé et j'ai fait nettoyer les coussins du sofa. »

Quels coussins ? De quoi parlais-je ? Ils avaient l'air pétrifié, sous la marquise, à l'abri de la pluie. Ils ne pouvaient quitter des yeux l'endroit que je leur avais montré, *là*. Ils ne m'accusèrent jamais, jamais un mot sur l'accident ni quelque sens caché à leurs paroles. Je leur avais expliqué plus d'une fois que ce jour-là, le porteur n'avait pas mis nos affaires dans le train en fin de compte, mais avait attendu aux portillons des douanes, se demandant ce qui nous était arrivé. Je leur racontai comment j'avais tout retrouvé intact : les passeports et les chèques, les cartes routières et les chandails et les chaussures... Ils ne pouvaient saisir l'importance de cette découverte. Ils savaient que Pete m'avait choisie, était parti à l'étranger avec moi, et ils ne l'avaient jamais revu. Un guide auquel ils ne pouvaient se fier les avait conduits à un cimetière inconnu et leur avait dit que leur fils était là maintenant, sans qu'ils puissent en avoir de preuves.

« Je ne vois toujours pas comment quiconque a pu croire que Pete était un voleur, dit sa mère. Qu'est-ce

que Pete aurait bien pu faire avec le vieux vélo de quelqu'un ? »

Ils prirent l'avion à Nice. Ils avaient maintenant
l'Italie en horreur et éprouvaient une aversion particulière pour la chambre ensoleillée où j'avais décrit la
mort de Pete. Nous étions tous les trois assis dans le
restaurant de l'aéroport, et ils parlèrent doucement, par
considération pour les gens à la table voisine, qui écou-
taient une partie de football diffusée par une radio
portative.

Je serrai le poing et l'appuyai sur la table. Je
m'imaginais à la maison, en train de dire à ma mère :
« Très bien, la vraie vie a commencé. Quelle est ta prochaine prophétie ? »

Je ne rentrais pas avec eux. Je les reconduisais.
Mrs Higgins était assise, calme, prête à partir, dans son
manteau de lin, avec son gros sac à main, ses cosmé-
tiques et ses comprimés contre le mal de l'air dans sa
trousse de voyage, sa feuille d'érable en diamants –
de peur qu'on ne la prenne pour une Américaine – et
son passeport prêt à être montré à n'importe qui. Des
gants clairs pliés reposaient sur le fermoir de sa trousse
de voyage. « Tu vas vouloir aller vers les tiens, je le
sais, dit-elle, mais n'oublie pas que chez nous, tu seras
comme chez toi. Ne l'oublie pas. » Elle fit une pause.
Je ne dis rien, alors elle continua : « Qu'est-ce que tu
vas faire, ma petite ? Je veux dire, après avoir vu ton
amie. Ne reste pas seule. »

Je marmonnai quelque chose qui me semblait
sensé : « Il va falloir que je me trouve un emploi. Je
n'en ai jamais eu et je ne sais pas faire grand-chose.
Je ne peux même pas taper à la machine – pas

convenablement. » Encore une fois, ils me donnèrent cette singulière impression d'attendre quelque chose de plus. Qu'est-ce qu'ils voulaient ? « Pete a dit que cela ne servait à rien d'apprendre quoi que ce soit si on ne savait pas taper à la machine. Il a dit que c'était la seule chose utile qu'il pouvait faire. »

Les yeux de ses parents reflétaient la même blessure. Je leur avais dit quelque chose de lui qu'ils ne savaient pas.

« Eh bien, je comprends, dit sa mère, enfin. Du moins, je crois comprendre. »

Ils s'imaginent que je désire rester près de sa tombe, supposai-je. Ils croient que c'est la raison pour laquelle je reste de ce côté de l'Atlantique. Peter et moi attendions un train : je l'avais pris sans lui. J'attendais une fois de plus. Même si je devais lui rendre visite tous les jours au cimetière, il ne parlerait jamais. Ses derniers mots n'avaient pas été pour moi ; ils avaient été adressés à un policier. Il m'aurait dit quelque chose, sûrement, si tout le monde n'avait pas été si pressé de s'en débarrasser. Son esprit était éteint, et son corps avait été dérobé à ma vue. « On n'aime pas avec son âme », avais-je lancé au vieux pasteur pendant les obsèques – une remarque offensante, à en juger par son regard lorsqu'il détourna le visage. Maintenant, j'étais prudente. Ce qu'une âme devenait ne m'intéressait pas. La mort d'une voix, voilà qui était réel. Le Hollandais couvrant soudainement sa bouche : c'était cela, l'horreur. Un coude fracturé, c'était la vraie douleur. Mais j'étais prudente ; je gardais ces réflexions pour moi-même.

« Tu es notre fille, maintenant, dit le père de Pete, je ne voudrais pas que tu te fasses du souci pour un emploi. Pas maintenant. » Il se trouvait que Mr Higgins connaissait mon statut exact. Mon père ne nous avait pas laissé grand-chose, et ma mère avait donné tout ce qui lui appartenait à une secte qui ne croyait pas aux transfusions sanguines. Elle s'attendait à la fin du monde et n'aurait pas mangé un œuf avant d'avoir vu la poule qui l'avait pondu. C'était l'opinion de Mr Higgins. « Shirley doit travailler si c'est ce qu'elle veut », rétorqua doucement Mrs Higgins.

« Oui, c'est ce que je veux ! » Je m'imaginai, ce jour-là, au milieu d'un fleuve de gens se déversant dans les stations de métro.

« Je vais tout de même arranger quelque chose pour toi », s'est empressé de dire Mr Higgins, comme s'il ne voulait pas être interrompu par les femmes.

Mrs Higgins plissa son front pâle sous sa voilette beige. Ne valait-il pas mieux lutter et travailler ? demanda-t-elle. N'était-ce pas cela la vraie vie ? Le travail n'occuperait-il pas Shirley, ne lui libérerait-il pas l'esprit de la perte de son mari, de sa déception, de cette tragédie, si on veut (mais « tragédie » n'était pas une façon très agréable d'envisager le destin), puisqu'elle devrait se soucier de son pain quotidien ?

« L'allocation que je lui donnerai ne l'empêchera pas de travailler, dit-il. J'avais prévu quelque chose pour les enfants, de toute façon. »

Elle semblait l'approuver, n'ayant mis ses plans en doute qu'au nom de quelque prudente morale.

Il me dit : « Il me faut toujours me souvenir que je pourrais partir d'une minute à l'autre, comme ça. C'est mon cœur. » Il le tapota doucement, tapota son habit clair. « En attendant, tu ferais mieux de commencer avec cela. » Il me donna l'enveloppe qui avait été près de son cœur. Il semblait manquer d'assurance, comme si l'argent et la mort l'avaient rendu honteux ; mais c'était lui, pas sa femme, qui m'avait demandé s'il y avait un espoir que je porte un enfant de Pete. Non, lui avais-je répondu. Je me l'étais demandé aussi, mais maintenant, j'en étais sûre. « Alors Shirley est tout ce qu'il nous reste », dit-il à sa femme, et je pensai qu'ils avaient l'air en faillite, à n'avoir rien d'autre que moi.

« Si c'est un chèque d'une banque de chez nous, cela prendra peut-être trop de temps avant qu'il puisse être touché, dit sa femme. Après tout ce que Shirley a enduré, elle a besoin d'une bonne somme d'argent tout de suite.

– Elle l'a reçue, Betty », lui répondit Mr Higgins, souriant.

Je connaissais cette situation : trois personnes autour d'une table, les parents qui sourient. Pete avait dit : « Ils sourient, ils parlent et ils parlent. On se demande ce qui se passe. »

« Comment tu arrives à faire tout ce que tu fais sans l'aide d'une secrétaire qui te suive partout, je me le demande, dit sa femme, l'admirant soudain.

– Cela fait vingt-deux ans que tu dis cela, lui répondit-il.

– Vingt-trois, maintenant. »

Sur ces mots, la conversation s'éteignit et, le regard fixe, ils restaient là, perplexes, non pas vaincus par la vie, mais dépassés par elle, ayant perdu le contact. La photographie de sa mère que Pete avait sur lui, qui était dans son portefeuille au moment de sa mort, avait été prise avant son mariage. Elle y portait un chapeau de feutre incliné sur l'oreille, une collerette

d'organdi ; ses cheveux étaient coiffés à la Ginger
Rogers. Il était plus facile d'imaginer Mr Higgins jeune
– un jeune Gary Cooper. Le regard bleu de mon beau-
père s'attardait sur moi maintenant. Pour rien au monde
il ne m'aurait choisie comme belle-fille. Je savais cela ;
je comprenais. Pete était une partie de lui, et Pete
m'avait choisie parmi toutes les filles qu'il avait
connues. Lorsque Mr Higgins rencontra ma mère au
mariage, il remercia Dieu – on l'entendit – que le mariage ne soit pas célébré à Calgary. Me souvenant de
ma mère ce jour-là, avec ses lunettes sur le nez et un
étrange chapeau, emprunté, sur la tête, et me rappelant le visage de Mr Higgins, je songeai à des mots
qui refréneraient mon envie de rire. Je trouvai au
hasard : « trio », « étouffer », « jeux de hasard », « habeas
corpus », « fratrie »...

« Comment va ta mère, Shirley ? demanda
Mrs Higgins.

– J'ai reçu une lettre... Elle travaille avec un pendule maintenant.

– Un pendule ?

– Oui, un poids au bout d'une ficelle, si on veut.
C'est comme si le pendule révélait les symptômes –
qu'on ait l'estomac dérangé à cause d'un ulcère ou
d'autre chose. Elle l'utilise pour savoir si on est enceinte et si le bébé sera une fille ou un garçon. Cela
dépend de la direction dans laquelle le pendule oscille :
nord-sud ou est-ouest.

– Le pendule peut-il dire qui est le père ? demanda
Mr Higgins.

– Les pendules sont utiles pour les gens qui ont
peur des médecins », affirma Mrs Higgins, et elle
promena ses doigts sur ses jolis gants et se sourit à

elle-même. « La personne qui ne veut pas entendre la vérité d'un médecin écoutera n'importe quelle histoire qu'une bonne femme veut bien lui raconter en utilisant un pendule ou un cristal.

– Ou une pierre qui change de couleur, dis-je. Ma mère en avait une. Quand notre épagneul a souffert d'une mastoïdite, elle est devenue violette. »

Elle me lança alors un coup d'œil et retint son souffle, mais son mari, en s'agitant pendant un certain temps, l'air irrité, nous fit changer de sujet. Ce fut le seul moment où elle et moi fûmes proches l'une de l'autre – cela avait quelque chose à voir avec l'humour propre aux femmes.

Mr Higgins ne mourut pas d'une crise cardiaque, comme il s'y attendait sereinement, mais quelques mois plus tard, Mrs Higgins dit à sa cuisinière : « J'ai horriblement mal à la tête, je ferais mieux de m'étendre. » Le père de Pete écrivit : « Elle savait ce qui n'allait pas mais n'en a jamais parlé. C'était bien d'elle. » J'héritai de biens mobiliers et de quelques bijoux ayant appartenu à Mrs Higgins et me demandai pourquoi. J'avais négligé d'écrire. Il me semblait que je ne pouvais pas écrire le genre de lettre qu'elle aurait aimé recevoir. Comment pouvais-je écrire à quelqu'un que je connaissais à peine pour lui parler de quelqu'un d'autre qui n'existait pas ? Mr Higgins épousa la veuve de l'un de ses plus proches amis – son aînée de six ans. Ils allèrent en Europe pour leur voyage de noces. J'avais un emploi temporaire comme interprète dans un grand magasin. Lorsque mon beau-père me vit dans un uniforme bien coupé, avec son nom, HIGGINS, cousu sur la veste, il eut l'air satisfait. Il était la seule personne qui ne me dît pas que je gaspillais ma vie ou ma jeunesse, et que je devrais retourner chez moi. La nouvelle Mrs Higgins demanda qu'on la conduise chez un coiffeur qui parlait anglais et là, sous le séchoir vrombissant, elle me cria que Mr Higgins n'était peut-être pas le père de Pete. Peut-être qu'il l'était, peut-être pas, mais une chose était sûre, c'était un saint. Elle souleva le casque et dit avec une voix normale : « Martin ne sait pas que je me teins les cheveux. » Je me demandai s'il avait toujours désiré cette petite femme rousse comme un renard. L'idée de ce mariage pouvait avoir occupé pendant des années le dédale de son esprit, comme celui de la vie de son épouse. Elle le savait peut-être à l'aéroport ce jour-là, se souriant à elle-même, effleurant ses gants immaculés. Mr Higgins s'était inventé une nouvelle façon de vivre, comme un testament qui ferait table rase de tous ceux qu'il aimait. J'essayais moi aussi de rédiger un testament, mais j'étais patiente, attendant quelqu'un qui me dirait quoi écrire. Mr Higgins parlait de Pete d'une façon conventionnelle, avec une sentimentalité qui interdisait toute émotion. Parler de cette façon était plus simple pour nous deux. Nous étions tous les deux responsables de quelque chose – d'avoir survécu, peut-être. À un moment, il se tourna vers moi et me dit avec un air de défi : « Bon, elle et Pete sont maintenant ensemble. Et ils nous ont laissés ici, n'est-ce pas ? »

JOYCE MARSHALL

L'été de l'accident

Joyce Marshall est née à Montréal en 1913 et a fait ses études à l'Université McGill, qui lui a décerné une médaille d'excellence. Pendant la Crise, elle s'installe à Toronto et traduit des auteurs francophones, dont Mère Marie de l'Incarnation, Thérèse Casgrain et Gabrielle Roy. Elle a d'ailleurs reçu le prix du Conseil des Arts pour sa traduction de *Cet été qui chantait* (*Enchanted Summer*, 1976). La production de Marshall se résume à deux romans, *Presently Tomorrow* (1946) et *Lovers and Strangers* (1958), et trois recueils de nouvelles, pour lesquels elle est surtout connue, *A Private Place* (1975), *Any Time at All and Other Stories* (1994), dont est tirée la nouvelle « L'été de l'accident » (1976), et *Blood and Bone / En chair et en os* (1995). Plusieurs revues ont publié ses nouvelles et articles : *Tamarack Review*, *Saturday Night*, *Fiddlehead*, *Queen's Quarterly*. La nouvelle « L'été de l'accident » fait partie d'un cycle, « The Martha's Stories », où Marshall explore la condition des femmes depuis l'enfance.

A u cours du dernier et du plus difficile de nos trois étés au village, je nous vois traîner interminablement en une petite file. Je pourrais presque baisser les yeux et retrouver ces enfants, parfaitement, sans l'avenir – tout ce que je sais maintenant ou présume au sujet d'Hillary et de Laura et que j'ai appris ou fait de moi. J'aimerais revenir à elles, juste comme elles étaient. Alors peut-être pourrais-je démêler ce qui est réellement arrivé et ce qui a semblé l'être – des événements réels ou imaginaires qui sont toujours liés pour moi à l'image de trois enfants se déplaçant à contre-cœur et plutôt lentement, jamais côte à côte dans mon souvenir, mais l'une après l'autre, sous les formes et les grandeurs distinctes de nos cinq années de différence. Deux ans et demie nous séparent l'une de l'autre, et ce décompte est si précis que Laura, la plus jeune, partage mon anniversaire. C'était justement l'une des nombreuses raisons pour lesquelles je lui en voulais.

Laura : la plus jeune, si on ne tient pas compte du bébé. C'est un fait que je devrais éclaircir. Le bébé, qu'on n'appelait pas encore Claudia parce que mes parents trouvaient plus difficile encore que d'habitude de s'entendre sur un nom, ne fut jamais une menace. La vraie guerre était entre nous, les trois plus âgées. C'était une guerre impitoyable. Une guerre amère. Et pourtant, à l'époque dont je parle, avant que nous soyons assez fortes pour nous séparer (physiquement), nous étions attachées ensemble la plus grande partie

117

de la journée. Pour notre sécurité. Nous vivions – ou campions – cet été-là très loin en amont de l'élargissement du fleuve Saint-Laurent que nous appelions le lac, sur le chemin de terre et de caillou connu quelque peu pompeusement sous le nom de route Saint-Jean. Pour les deux baignades quotidiennes qui étaient un rituel dans notre famille, nous devions traverser deux chemins de fer – chacun avec sa petite gare, sa barrière et sa colline du genre montagne russe –, et plus loin la rue principale du village pour rejoindre le bord du lac et le début de la courbe douce qui menait par un détour à la plage.

En hiver, j'avais toute la solitude que je pouvais désirer dans ma propre classe à l'école. Et des craintes et des apprentissages différents. Mais la mémoire est capricieuse. Je fais rarement, quand je regarde mon enfance, le lien avec les saisons, comme si nos remue-ménage bisannuels de chiens, de chats et d'enfants les séparaient. Et lorsque je pense à la lutte avec mes sœurs, je me rappelle surtout les étés, qui étaient longs dans notre famille, des jours lents et pareils à eux-mêmes qui s'étiraient de mai à novembre. Et, bien sûr, la route – cette courbe douce bordant le lac. Y est-elle toujours, je me le demande. Ou a-t-elle été avalée par l'aéroport ? Je n'ai jamais essayé de savoir. Elle demeure. Ma route archétypale, à laquelle je rêve encore et encore, de tant de différentes manières. J'y étais encore la nuit dernière mais le lac était devenu un abîme, j'essayais d'y jeter un bébé – un très gros bébé qui braillait – par-dessus bord ; je me suis réveillée affolée dans ce qui m'a semblé être pendant un moment une chambre immense et vide. Et parce que je

118

n'aime pas ces rêves meurtriers, que je ne devrais plus faire, je commençai à penser plutôt à cette autre terreur sûre, l'accident, et à me demander, comme je l'ai si souvent fait, si cela s'était vraiment produit comme je semblais me le rappeler. Cet homme existait-il ? Est-il possible que l'on m'ait permis de me tenir si près de lui, penchée juste au-dessus de lui comme je semble l'être, écoutant des mots que comme tant de mots de mon enfance je ne pouvais aucunement comprendre ? Il semble réel. Du moins, la peur et l'horreur le semblent. Peut-être ai-je remonté le temps pour l'imaginer, lui, présage. Parfois je le crois et pourtant il me semble vraiment le voir clairement, étendu là, perdant son sang en bordure de cette route disparue.

J'eus neuf ans cette année-là. J'en suis certaine car la sœur qui deviendrait Claudia seulement dix minutes avant que mon grand-père, alarmant dans ses vêtements sacerdotaux, l'asperge d'eau et prononce le nom, était encore toute nouvelle. Lorsque je revois l'homme, je la vois aussi, en une position de bébé ramassé sur lui-même, dans notre vieux landau de paille avec sa doublure de velours côtelé, sous l'un des arbres de la cour cahoteuse et sans herbe de cette curieuse maison. Le premier être humain que j'aie aimé. L'émotion que nous ressentons envers les parents est une exigence, une quête. Cette nouvelle sorte d'amour, que je trouvai entier en moi dès le moment où cette petite créature fut déposée dans mes bras, était un immense gonflement intérieur, qui faisait presque craquer mes côtes. Maintenant je comprends, me rappelé-je avoir pensé, ce qu'ils veulent dire avec cette expression : « Mon cœur s'est gonflé. » Un sentiment péremptoire, inexplicable, un petit peu effrayant. Je ne savais pas ce que j'allais en faire. Mais j'aimais plutôt ce sentiment qui, même aujourd'hui, a gardé sa magie. Aucun autre amour n'a terni ce premier amour.

J'essayais de passer autant de temps que je pouvais auprès de bébé. La servir. Juste la regarder. Je courais chercher ce qui lui manquait. Levais sans cesse la moustiquaire verte cousue au point de bâti sur le landau pour une nouvelle et attentive étude de la courbe toujours étonnante de sa joue, de ses minuscules doigts de poupée, de la coquille bleuâtre de ses paupières. Je me dis que je mourrais pour elle, pour ce petit être humain à qui je n'avais pas à plaire, qui ne pouvais rien pour moi. Ma mère, qui était presque instinctivement alarmée, pour le moins troublée, la plupart du temps, par mon comportement, avait pris l'habitude de m'écarter brusquement lorsque ma tête s'approchait trop de bébé pendant qu'elle la langeait ou lui donnait le sein. Pourquoi, alors qu'elle était si occupée, étais-je soudainement toujours dans ses jambes ? Pourquoi étais-je si tranquille ? Pourquoi n'allais-je pas aider Hillary, qui essayait de montrer à Laura à sauter à la corde sur le bout de route plat en face de la maison ? Pourquoi n'avais-je pas d'amies (alors qu'elle savait aussi bien que moi que sur cette ferme délabrée si loin du village et de ses chalets d'été, il n'y avait pas d'amies pour moi) ?

J'ai qualifié cet été de difficile. C'était en partie à cause de la maison, car il n'y avait pas assez de chambres pour nous, et elles étaient exiguës, étrangement conçues, confinées avec leurs petites fenêtres basses et leurs odeurs nauséabondes. Et c'était en partie aussi à cause de la présence des vrais propriétaires, dans une cabane au fond du jardin potager, juste derrière la maison. Mes parents, qui étaient toujours lents à se décider à louer pour l'été et qui avaient choisi l'endroit de nuit, ne s'étaient pas aperçus que le domicile où la famille de la ferme avait proposé de déménager était si près. Il était déconcertant de les voir tous là, désherbant le jour, presque sous la fenêtre de la cuisine, et le soir, assis en rangée devant leur cabane, se bercer à l'unisson en nous regardant. Ma mère, qui était sociable, salua de la main et gesticula mais, bien qu'ils nous aient souri et qu'ils nous aient retourné notre salut, l'affaire n'alla pas plus loin ; manifestement, ils avaient une conscience aiguë des frontières ; alors quand notre chien s'approchait trop d'eux, ils le chassaient avec des « pcht ! ». C'était une assez nombreuse famille aux enfants déjà grands, dont une fille d'à peu près mon âge.

« Va jouer avec elle, Martha », me dit un jour ma mère. « Peut-être qu'elle aimerait jouer avec toi. Pauvre petite. Toujours à travailler. Elle pourrait t'aider à perfectionner ton français. Te montrer les vaches et les poulets. Même si tu ne peux pas parler beaucoup, tu pourrais... sauter à la corde, jouer à la marelle. »

L'idée d'approcher cette maigre petite noire au regard féroce, dans le lit de qui je dormais peut-être et qui devait me détester pour cela comme je l'aurais détestée dans pareil cas, me remplissait de terreur mais, parce que je ne voulais pas admettre – et justifier – ma lâcheté, je rétorquai seulement avec humeur que je ne l'aimais pas.

« Oui, c'est vrai qu'elle fait un peu commun », rétorqua ma mère.

Sa réponse, qui aurait dû me réconcilier avec ma réplique, m'était inexplicable. Signifiait-elle que nous étions des gens hors du commun ? Si oui, pourquoi et comment l'étions-nous ? Je savais que cela ne m'aurait avancée à rien d'essayer d'en savoir plus. Ma mère était d'humeur massacrante, obligée qu'elle était de rester à l'intérieur presque tout le jour dans cette maison exiguë et sombre où il fallait faire bouillir les couches dans des seaux sur un poêle à bois et les étendre sur les arbustes et les pierres pour qu'elles sèchent. Elle ne pouvait jouer au tennis et trouvait rarement le temps de pousser le landau jusqu'à la plage. Aucune journée ne pouvait être déclarée trop chaude pour quoi que ce soit sauf un pique-nique au bord du lac ou une folle randonnée à travers champs à la recherche de bleuets. Mon père s'intéressait cette année-là, je crois, à un terrain minier dans le nord de l'Ontario. Il était à l'extérieur la plupart du temps et ne revenait donc pas à la maison le soir pour nous calmer, changer l'atmosphère, nous chanter de l'opéra, substituer son type d'énergie à celui de ma mère. Il n'y avait même pas de bonne à qui parler. Celle que nous avions emmenée avait reniflé la cuisine et, refusant même d'être conduite à l'étage pour examiner la « chère petite chambre sous les combles » où elle devait dormir, exigea qu'on lui réserve un siège dans le tout prochain train pour Montréal. (Nos bonnes nous quittaient souvent abruptement. Je ne me rappelle pas une seule bonne qui ait duré tout un été. Nous aimions ces bonnes, qui avaient des vies fascinantes et en discutaient avec nous.)

Ma mère n'arrivait pas à comprendre ; elle me demandait souvent, avec l'un de ces regards obliques qui semblaient nous découvrir pour la première fois, pourquoi elle avait permis que cela arrive : « Pourquoi me suis-je mariée et ai-je eu quatre enfants ? » se demandait-elle encore et encore, comme si tôt ou tard elle allait en découvrir la raison. « J'aurais dû être une femme d'affaires. » Nous devrions en prendre leçon et toutes devenir des femmes d'affaires. Elle y verrait elle-même. Je ne me souviens pas si nous avions répondu. Ma mère se plaignait souvent avec ostentation, presque mécaniquement. Je crois que cela nous était égal d'être mises dans le même sac, d'être considérées comme une chose déplorable qu'elle avait laissé arriver un jour qu'elle regardait du mauvais côté. Nous étions très solidement dans l'ici ; c'était tout ce qui importait. Notre mère était vive et agitée, son énergie, libre et brute. À une autre époque, dans un autre lieu, elle aurait fait une magnifique suffragette. On n'aurait pu la nourrir de force. Nul doute qu'elle se serait laissée mourir de faim. Et lorsque je lis des ouvrages sur Emmeline Pakhurst, je vois les cheveux d'un blond vénitien de ma mère, sa bouche fière et ses yeux scintillants. Entre-temps, nous deviendrions toutes des femmes d'affaires, si lointain que parût cet avenir. Cet été-là, nous avions d'autres soucis.

La famille déménageait encore. Je dis « encore », bien que ce soit le premier déménagement que je me rappelle vraiment. Nous nous étions toujours querellées, nous trois, parfois sauvagement et physiquement, nous nous étions battues comme des enfants doivent le faire pour leur position et leur espace, nous avions négocié certains territoires. Maintenant il y avait un quatrième enfant et les places ne tenaient plus. Ce n'est pas que nous eussions connaissance de ce fait, sauf peut-être au tréfonds de notre être. Nous savions simplement – du moins, moi je savais – que c'était un été difficile, chaud, monotone. C'était ma première expérience de l'ennui ; je ne savais pas que les jours pouvaient simplement couler et couler, toujours pareils à eux-mêmes. Je me souviens qu'ils étaient chauds et desséchés, avec un bruissement, celui du maïs peut-être, ce maïs plutôt chétif que la famille de la ferme désherbait. Il pleuvait peu mais tonnait très souvent. Et pas d'eau en vue, ni de clapotis audible, ni même d'odeur de l'eau. (Nous étions des créatures de l'eau, dans ma famille, mon père aussi. Il avait rencontré ma mère, nous le savions, dans ce lac même, était devenu amoureux de son visage pétillant sous le bonnet de bain à pompons. Nous, les enfants, avions toutes été portées dans l'eau avant de marcher. Et de nous trouver à la campagne – mais une campagne sèche, sur le haut d'une colline, sans la vision d'un miroitement liquide entre les arbres – était un supplice pour nous.) Et c'est là que ma mère devait rester la plupart du temps, avec la compagnie occasionnelle de trois enfants chamailleuses, qui n'arrivaient que très rarement à être ce qu'elle nous disait fréquemment qu'il fallait être, trois chères petites sœurs (elle-même avait été l'une de sept chères petites sœurs. Nous avions vu leur photo : debout en rang serré d'amour devant le vieux presbytère de notre grand-père au centre de Bolton, toutes reluisantes de propreté dans leurs robes à col montant et aux innombrables plis. Elles étaient notre désespoir. Elles s'étaient aimées jadis et demeuraient les meilleures amies du monde, s'accueillant après des semaines d'absence avec des cris de joie. Les enfants qui grandissaient dans des presbytères étaient différentes, me semblait-il, aimaient automatiquement ; les plus grandes n'aimaient rien mieux que de prendre soin des petites ; aucune n'avait jamais mordu sa sœur. Jamais je ne serais à leur hauteur.).

J'étais maigrichonne et grande à neuf ans, tout en angles. Je ne me trouvais pas très attirante, n'arrivais pas à me faire jolie, même en m'exerçant régulièrement devant le miroir. Pire, mon comportement ne ressemblait jamais tout à fait à ce que je voulais qu'il soit. Le succès d'un enfant, c'est ce que je vois maintenant, dépend largement de ses dons d'imitateur. Je n'en avais aucun. Et comme je pensais rarement assez vite à un mensonge approprié, je me voyais obligée d'essayer de dire ce que je pensais – et d'avoir l'air idiote. Hillary, excellente imitatrice, restait attentive aux adultes et apprenait à devenir charmante. Elle était mon ennemie attitrée, ma principale usurpatrice, m'ayant délogée d'une place qui était mienne et dont je dois encore rêver. (De telle façon que je l'assassine encore dans mes rêves. Désolée, Hillary. C'est un meurtre très impersonnel.) Ce n'est que tout récemment qu'il m'est venu à l'esprit que j'étais aussi la principale ennemie de Hillary, déjà fermement établie lorsqu'elle arriva. Ainsi, elle ne devait devenir que mon miroir ? Devait être bonne, docile et sûre d'elle parce que je ne l'étais pas ? Avais-je contribué à façonner Hillary en luttant pour me construire ? Je la vois trottinant ici et là cet été-là, plus docile que jamais, qui rendait service, s'occupait à des jeux que les adultes trouvent charmants – cachée sagement dans un petit coin à jouer à l'institutrice ou à la maîtresse de maison, habillait le chat, berçait et câlinait Laura.

Car Laura, cette enfant encore jamais mise à l'épreuve, était devenue pleurnicheuse, Laura à qui tout était toujours venu facilement simplement parce qu'elle était belle, de la beauté au teint crémeux et aux fossettes qui semble être la seule façon d'être belle pour les enfants. Deux expressions aussi plaisaient : une gravité touchante et un sourire captivant. C'était difficile de ne pas détester une enfant que le seul fait d'exister enchantait. Ce que Hillary pensait d'elle je ne le sais pas ; cet été-là, elle s'était attachée à Laura, lui avait fait du charme, l'avait protégée, avait confectionné pour elle des lits avec des chaises, faisait semblant de la nourrir. Je pinçais, bousculais, dérobais. Et Laura, qui pleurait rarement, qui n'avait jamais fait d'histoires, pas même lorsqu'un coup de mon maillet de croquet lui avait fait se mordre la langue jusqu'au sang, pleurnichait maintenant sans cesse, voyait des menaces dans les ombres, criait au grondement du tonnerre à tel point qu'on devait la sortir de son lit, la bercer et l'appeler bébé chéri. On l'appelait bébé chéri beaucoup trop souvent à mon goût. Elle était toujours captivante, mais maintenant, me semblait-il, il lui fallait travailler pour l'être. J'en étais amèrement contrariée, car je désirais que mon trésor, le vrai bébé, récolte tout l'amour, simplement parce qu'elle était mon élue. Je remarquai que Laura regardait rarement le bébé, ne semblait même pas l'aimer. Jalouse de l'attention qu'on refusait à mon bébé, je considérais tout l'amour qui lui était soustrait comme une insulte. C'était un été éprouvant, au cours duquel nous devenions peu à peu nous-mêmes en empruntant de nouveaux chemins. Si cela avait pu être aussi simple. Je ne peux pas en être sûre parce que, tout bien considéré, je n'ai que très peu de souvenirs. Seulement le vague sentiment de quelque chose d'orageux – ce bruissement, tout ce tonnerre grondant –, l'impression de tirer et de pousser, de choses qui auraient dû être claires et simples et qui n'étaient ni claires ni simples.

Et bien que j'eusse préféré rester à la maison avec ma chérie, qui avait appris à sourire lorsque je levais la moustiquaire pour l'examiner, j'étais obligée de passer presque tous ces longs jours d'été avec deux ennemies. Traverser à pied avec elles ce village où personne ne nous adressait jamais la parole. J'étais plutôt habituée, je suppose – et c'est une leçon qu'il peut être avantageux d'apprendre tôt – à un monde où plusieurs choses et la plupart des gens étaient indifférents. En ville, l'hiver, je me joignais parfois à mes camarades de classe qui lançaient des pierres aux petits francophones. *Pea soup. Pea soup, pea soup and Johnny cake make the Frenchie's belly ache*[1]. J'avais appris ces railleries intéressantes en même temps que *Come over, red rover* et *One two three, Alarie*, et toutes n'étaient que des jeux, pensais-je. Dans ce très petit village, que je me rappelle silencieux presque comme un tableau parce que je ne comprenais rien de ce que j'entendais, parce que cela se passait de façon si subtile et pourtant de façon si évidente que jamais je n'essayai d'analyser mon incompréhension, je ne me sentais manifestement pas chez moi. Ce devait être à peu près à cette époque que je commençai à me sentir plutôt vulnérable, à la merci d'une pichenette (même

---

1. NdlT (traduction libre) :   *Soupe aux pois,*
soupe aux pois
et pouding chômeur
à l'estomac
des p'tits François
causent douleur.

lorsque je courais à toutes jambes à travers champs, et
que j'aurais dû ressentir le plus la réalité de mon corps,
je commençais à me sentir flottante, en état d'apesan-
teur). Mais ne pas nous sentir observées, même si nous
éprouvions cette sourde désapprobation, toujours si
semblable à elle-même que nous pouvions très bien ne
pas en tenir compte, avait ses bons côtés aussi. Nous
pouvions aller où nous voulions. Dans un monde où
tous les adultes étaient des ennemis, ligués contre les
enfants par des goûts et des critères semblables, il était
soulageant d'en trouver quelques-uns qui, si grand que
fût leur mécontentement, n'en souffleraient jamais mot
à nos parents.

Lorsque je dis que nous pouvions aller n'importe
où, je ne veux pas dire qu'il y avait bien des endroits
où aller. On ne nous donnait pas d'argent de poche,
nous l'aurions égaré dans notre pagaïe de seaux, de
serviettes empilées et de bonnets de bain en caoutchouc, et ainsi, nous ne pouvions entrer dans le magasin – à l'exception de quelques rares samedis,
accompagnées de notre père – pour ruminer devant les
énormes bocaux de verre qui contenaient tous les mer-
veilleux bonbons qu'on pouvait acheter pour un simple
sou. Mais parce que nous étions toutes irritables cet
été-là, nous désobéissions aux règles presque sans y
penser. Il n'y en avait pas beaucoup. *Ne traînez pas et
ne regardez pas dans les vitrines de magasins.* Nous
traînions et regardions dans les vitrines. *Ne grimpez
pas aux clôtures sur la route Saint-Jean. Vous pour-
riez tomber sur un taureau.* Nous grimpions sur les
clôtures et cueillions des fleurs presque de la bouche
des vaches, examinions les nids des merlebleus dans
les pieux pourris des clôtures, cueillions de longues

tiges de mil pour les sucer. Et lorsqu'il y avait un petit rassemblement sur le trottoir élargi en face de l'épicerie ou de la boucherie, nous nous y faufilions, traînions au milieu de l'attroupement, et ne semblions pas créer plus de remous que lorsque nous fendions l'eau d'une brasse énergique et vigoureuse dans notre petite anse. Ce qui explique, j'imagine, que nous soyons parvenues, si jeunes et petites fussions-nous, à traverser la foule qui se pressait ce jour-là autour de l'homme agonisant après l'accident. Les gens du village ne nous avaient tout simplement pas remarquées, petites silhouettes étrangères et toujours vagabondes.

J'ai pensé à tout cela tant de fois, embrouillant probablement la scène. Mais ce sont toujours les mêmes détails qui me reviennent. Et les mêmes trous de mémoire. Nous revenions de la plage et retournions à la maison, avions dépassé la longue clôture de la magnifique maison cachée derrière les arbres, aux pignons de style orné – elle avait cinquante-six chambres, avais-je entendu – et là, juste devant, se tenaient tous ces gens qui fixaient quelque chose devant eux. Je suppose que pour nous, c'était tout simplement une vue intéressante. Nous étions curieuses. Alors nous avons foncé, moi la première – parce que j'étais plus grande et plus solide, plus capable de me faufiler –, les autres derrière.

Il y avait souvent des accidents au tournant abrupt que la route était forcée de prendre avant de glisser dans sa courbe douce. Du côté nord, où il ne nous était pas permis de marcher, le coin d'une petite maison chaulée dépassait le trottoir, s'avançant d'un pied ou deux sur la route. Quelque vieille sorcière y avait vécu pendant des années, refusant de sacrifier une partie de la maison ou de la faire reculer. Elle croyait, avions-nous ouï dire, que puisqu'elle et sa maison étaient déjà là lorsque la route n'était qu'un sentier, elles avaient le droit d'y rester. Il y avait souvent des collisions frontales à cet endroit. L'homme de l'accident d'aujourd'hui, apprendrai-je plus tard des discussions des adultes, avait accéléré, était ivre, avait pu s'endormir sous le soleil, avait de toute façon raté le virage abrupt. Son auto était de notre côté de la route, contre un poteau de téléphone ; lui-même gisait quelques pieds plus loin. Quelqu'un avait dû le déplacer car je le vois couché bien droit sur le dos, sur la bande d'herbe entre le trottoir de bois et la galerie sans balustrade d'une maison. Les gens du village le regardaient comme si, ayant fait ce qu'ils pouvaient, donné les coups de téléphone nécessaires, ils avaient senti qu'il désirait rester seul et l'avaient laissé tranquille. J'ai une impression d'immense agitation et pourtant de silence. Lui-même n'était pas silencieux. Il pleurait lorsque j'ai regardé son visage, de très près, un peu penchée, comme j'avais dû l'être pour frayer mon chemin dans la foule. Il appelait quelqu'un ; du moins répétait-il les mêmes syllabes encore et encore. Je crois que j'ai imaginé qu'il appelait quelqu'un. Ai-je ajouté le sang ? ramené ce visage défait, ensanglanté, d'ailleurs ? de Normandie, d'Espagne ? Je me rappelle une grande quantité de sang, très rouge. Dans ses cheveux, dégoulinant dans ses yeux. Peut-être même provenant de ses yeux (il me semblait savoir qu'il ne pouvait pas voir). Une mare rouge dans l'herbe autour de sa tête, cependant qu'il continuait de lancer ses appels avec cette sorte de voix très rapide, bulleuse. Je crois être restée simplement

là, légèrement penchée, le regardant. Ne voulant pas.
Incapable de bouger ou de me détourner.

Puis à un moment, la conscience de la présence
de Laura. Accrochée à mon genou. Peut-être me tirait-
elle, car je me rappelle sa main, son seau jaune bosselé et la petite pelle au manche sans peinture. (Ce doit
être réel, car je vois sa main à l'échelle de cette époque,
sur le dessus de sa tête le reflet du soleil.) Elle était
derrière moi, essayant de passer devant, gémissant,
effrayée. (Je lui ai demandé un jour : « Tu te souviens,
Laura ? Un horrible accident ? Un homme grièvement
blessé lorsque nous étions petites ? – Oh oui, avait-elle
répondu. À l'une de ces parades où papa avait l'habitude de nous emmener. Un cheval a reculé et est tombé
à la renverse, écrasant le cavalier. » Et elle a eu l'air si
affligée – car Laura était devenue la plus tendre de nous
toutes – que je ne l'ai plus pressée. Nous vivions des
vies différentes, à l'époque. Nos souvenirs voyagent
librement et se rencontrent rarement.) Je n'ai pas posé
la question à Hillary, car Hillary maintiendrait comme
elle le fait toujours qu'elle ne se souvient de rien qui
soit antérieur à l'époque où elle avait huit ans. Pourtant j'entends distinctement de l'autre côté sa voix
haute, très affirmative : « Ils vont l'emmener à l'hôpital, t'inquiète pas, bébé chéri Laura. Ils vont l'emmener à l'hôpital et vont le recoudre tout ensemble.
T'inquiète pas, Laura. Ils vont le... » « Ferme-la ! (ma
propre voix). Ah, ferme-la ! » Et je regardai – encore –
le visage de Laura tout près, le vit pour la première
fois comme un visage humain séparé de moi, se chif-
fonnant devant quelque chose de beaucoup trop grand
pour lui. Je vis toutes sortes d'autres choses, sur
lesquelles je n'arrivais pas toujours à mettre des mots,

et, avec ce premier sentiment de la réelle altérité des autres, j'eus le pressentiment du moins de tout ce qui me serait demandé, que je le veuille ou non, en continuant de vivre – des exigences auxquelles nous devons répondre, et de l'amour qui peut venir, et qui vient, sous toutes ses formes, pas seulement pour ceux qu'on a choisis.

Je crois que je savais devoir éloigner Laura de cet endroit et le fis, pris la main qui portait le seau et, me tournant et me tortillant comme je l'avais fait en entrant dans la foule, l'emmenai hors de là. Mais très peu de nos souvenirs sont sûrs. De tous nos longs trajets à travers le village vers la maison, nos promenades le long de la route Saint-Jean, je ne peux distinguer cette fois des autres. C'était un été difficile, tendu. Toujours orageux, toujours semblable à lui-même.

JACK HODGINS

Le long du fleuve

Jack Hodgins est né en 1938 à Merville, sur l'île de Vancouver. Il étudie la création littéraire à l'Université de Colombie-Britannique avec Earle Birney, puis enseigne au secondaire à Nanaimo (1961-1980). Professeur dans diverses universités canadiennes pendant un temps, il revient par la suite à l'Université de Victoria, où il enseigne la création littéraire depuis 1985. Son premier et très populaire recueil de nouvelles, *Spit Delaney's Island*[1] (1976), d'où est tirée la nouvelle « Le long du fleuve », lui vaut le Eaton's British Columbia Book Award et est en nomination pour le Prix du Gouverneur général. Hodgins publie par la suite *The Invention of the World* (1977, roman, Gibson First Novel Award), *The Resurrection of Joseph Bourne* (1979, roman, Prix du Gouverneur général 1980), *The Barclay Family Theater* (1981, nouvelles), *Beginnings* (1983), un recueil contenant les ébauches de ses romans et nouvelles, *The Honorary Patron* (1987, roman, Commonwealth Writers Prize 1988 ; en nomination pour la Leacock Medal for Humor), *Innocent Cities* (1990, roman), *The Macken Charm* (1995, roman). Il écrit aussi un roman-jeunesse, *Left Behind in Squabble Bay* (1988), coédite une anthologie avec William New, *Voice and Vision* (1988), publie un essai sur un voyage en Australie, *Over Forty in Broken Hill* (1992), puis un autre sur la création littéraire, *A Passion for Narrative* (1993), et encore un roman, *Broken Ground* (1998). Il a reçu le prix Canada-Australie pour l'ensemble de son œuvre (1986) et est titulaire d'un doctorat honorifique de l'Université de Colombie-Britannique.

---

1. Deux des nouvelles du recueil, parmi les plus intéressantes, ont été publiées en traduction française, « Separating » et « Spit Delaney's Island » (qui constituent les nouvelles d'ouverture et de clôture du recueil et ont pour personnage principal Spit Delaney), sous le titre *Séparation* (Paris, Alfil, 1996 ; trad. de Anne-Marie Girard-Sauzeau).

M ais écoute, pense-t-elle, il est presque l'heure. Et s'agite, comme une feuille, à cette idée. Le train roulera dans la vallée, s'arrêtera à la petite cabane pour débarquer Styan et continuera. Cela se passera dans une demi-heure et il lui reste encore un mille à parcourir.

Crystal Styan, qui marche à travers les bois, à travers les taillis, n'est pas jolie. Elle sait qu'elle n'est même pas un peu jolie, bien que son visage soit assez délicat, et pâle, que ses yeux ne soient pas trop rapprochés. Elle porte un chandail de laine jaune, une longue jupe de coton et des bottes. Ses cheveux, attachés à l'arrière pour ne pas que s'y prennent les branches, descendent, raides, presque incolores, dans son dos. Un jour, espère-t-elle, il y aura un bébé qui jouera avec ses cheveux et s'y cachera comme quelqu'un derrière une chute.

Elle a quitté la cabane en rondins, sise en bordure du fleuve dans un bouquet de bouleaux, et maintenant elle suit le fleuve en amont. À un mille en amont, loin dans la courbe encore invisible, le chemin de fer passe en bordure de leur terre, et une petite gare y a été bâtie, juste pour eux, pour elle et Jim Styan. C'est le seul chemin qui puisse les mener à dix milles de là, à la ville, qui n'est pas vraiment une ville quand on la voit. Quelques magasins, un vieil hôtel penché, un cinéma.

Styan aura probablement été voir un film hier soir. Il aura passé la nuit à l'hôtel, mais d'abord (après avoir vu l'avocat et acheté les quelques choses qu'elle lui a

demandées), il paiera son entrée, s'assoira dans la dernière rangée de bancs et rira fort tout au long du film.
Il rit toujours de tout, même quand ce n'est pas drôle,
parce que ces silhouettes à l'écran lui font penser à des
gens qu'il a connus ; et l'idée de les voir exposés
comme ça aux regards de tout un chacun l'embarrasse
un peu et lui donne envie de faire beaucoup de bruit ;
alors les gens verront qu'il ne leur ressemble pas pour
deux sous.

Elle sourit. La première fois qu'ils sont allés voir
un film ensemble, elle s'est affalée autant qu'elle le
pouvait sur le siège pour que personne ne voie qu'elle
était là ou qu'elle avait quoi que ce soit à voir avec
Jim Styan.

Le fleuve coule près d'elle presque silencieusement. Il n'a coulé qu'une centaine de milles depuis sa
source et en a encore un millier à parcourir avant d'atteindre l'océan, mais déjà il s'est élargi et coule rapidement. Ici même elle a plus d'une fois vu un orignal
y entrer en pataugeant puis le traverser à la nage et
disparaître dans les marais bordés de thuyas. Elle sait,
pour l'avoir entendu quelque part, que plus loin en aval,
à des milles et des milles derrière elle, une tribu indienne a déjà cru que ce fleuve était un monstre af-
famé qui prenait plaisir à engloutir son peuple. On dit
que Coyote, leur dieu-héros, y plongea, maîtrisa le
monstre et lui fit promettre de ne plus jamais avaler
de gens. Elle avait déjà pensé étudier ce genre de
choses à l'université ou ailleurs, mais Jim Styan lui
avait dit qu'une dixième année suffisait à n'importe
qui et qu'une vie sur la route était plus passionnante.

Quelle route ? se demande-t-elle. Il n'y a pas une
route en vue dans un rayon de dix milles. Ils ont vendu

la vieille guimbarde de camionnette bleue le jour même où ils ont déménagé à cet endroit. Le chemin de fer allait suffire. Il n'y avait aucun endroit qu'ils désiraient visiter auquel le train, même ce vieux tortillard, ne les amènerait pas facilement et à peu de frais.

Mais écoute, pense-t-elle, il est presque l'heure.

Le sentier qu'elle suit oblique vers les terres pour remonter un petit cap, et pendant un moment, elle est engloutie par les arbres. Le thuya et le sapin sont épais, sombres et humides. Les jeunes pousses vertes des broussailles recouvrent presque entièrement l'étroit sentier. Elle relève un peu sa jupe pour ne pas qu'elle se prenne dans les broussailles ou se déchire, puis court et glisse presque en dévalant la pente jusqu'au bord du fleuve. Elle peut voir à des milles à la ronde : il n'y a rien en vue qui ait à voir avec l'homme.

« Les hommes, est-ce qu'on s'en passerait pas ? » avait dit Styan, jadis.

C'était avec cette sorte de question – des questions qui sous-entendaient une réponse si évidente que seul un demeuré en aurait douté – qu'il l'avait convaincue d'abord de quitter la salle de classe, puis l'île même où elle était née, et enfin de s'installer ici dans les montagnes, avec le fleuve, l'orignal et le chemin de fer. C'était comme s'il l'avait transportée dans cette camionnette déglinguée non seulement d'un bout à l'autre de la province à peu près aussi loin qu'il était possible d'aller, mais encore loin dans le temps, peut-être aussi loin que la jeunesse de sa grand-mère, voire plus loin. Elle lave leurs vêtements grossiers dans le fleuve et dépend des caprices des saisons pour se nourrir.

« Regarde ! » avait-il crié la première fois qu'ils s'étaient trouvés dans la clairière en haut de la cabane.

« C'est comme si nous étions vraiment les premiers. Toi et moi. »

Ils nagèrent dans le fleuve froid ce jour-là, et même à ce moment elle pensa à Coyote et au monstre, mais Styan l'emmena dans la cabane et ils firent l'amour sur le lit de rameaux de sapin qui allait être le leur pendant les cinq années suivantes. « Nous n'avons pas besoin d'eux », chantonnait-il. Il se retourna comme un sac sur le dos et cria vers le faîte de leur cabane : « Nous cultiverons cette terre ! Avec nous les choses marcheront rondement. Nous construirons notre propre monde ! » Nu, il était aussi mince et pâle qu'une branche de céleri.

Quand ils s'installèrent, il laissa pousser sa moustache, qui pendouillait comme celle des hommes sur les vieilles photos brunes. Il portait une salopette qui était beaucoup trop grande pour lui et commençait à marcher comme s'il y avait une caméra cachée quelque part parmi les arbres et qu'il était payé pour agir comme un homme des bois au lieu de se conduire comme le citadin qu'il était vraiment. Il se fourra un feutre informe sur la tête à la manière de quelque oncle Télesphore et acheta des poules.

« C'est un début, dit-il.

– Six poules ? » Elle compta de nouveau pour en être sûre. « Nous n'avons même pas de poulailler pour elles. »

Debout, les jambes très écartées, il la regarda comme si elle était stupide.

« Elles vont pondre leurs œufs dans l'herbe.

– Ça sera gai, dit-elle. Cent soixante acres, c'est un enclos de bonnes dimensions.

– C'est un début. Le printemps prochain nous achèterons une vache. Comme si on avait besoin d'autre chose ! »

En effet, on n'avait besoin de rien de plus pour être heureux. Ils survécurent à leur premier hiver, bien que les poules n'eussent pas eu cette chance. Elles attrapèrent des poux et commencèrent à se donner des coups de becs les unes les autres. Lorsque Styan se décida à se rendre en ville afin de trouver quelque chose pour tuer les poux, les coups de becs de quelques-unes avaient déjà perforé la peau des autres et découvert les entrailles. Lorsqu'il revint, elles étaient toutes mortes de froid dans la cour.

Chez elle, dans la ferme de son père, dans les montagnes bleues de l'île, rien n'avait jamais gelé à mort. Son père prenait soin des choses et des bêtes ; jamais elle n'avait vu les choses aller si mal alors, et personne n'avait eu à souffrir.

Elle regarde où elle marche maintenant, parce que le sentier longe le fleuve de près et qu'il est spongieux et défait par endroits. L'eau ici est claire et peu profonde, elle fait des remous en refoulant dans les petites baies où poussent les quenouilles et la fougère et où les patineuses marchent sur leur propre reflet. Une bouteille de bière brille là où quelqu'un, peut-être un guide sur le fleuve, l'a jetée – coincée entre les rochers comme si elle était là depuis aussi longtemps qu'eux. Elle garde son visage tourné vers le fleuve, loin des acres et des acres de forêt qui sont les leurs.

Écoute, il est presque l'heure, pense-t-elle. Et sait que bientôt, loin en amont de la vallée fluviale, elle entendra les vibrations du train, qui s'approche.

Elle imagine son visage à la fenêtre. Seul passager dans la voiture, il est assis dans le sens contraire de la marche du train et regarde le paysage défiler, souriant dans l'expectative, ou contemple ses souvenirs, ou peut-être les deux. Il raconte une blague à ce bon vieux Bill Cobb, le chef de train, mais même en riant, il ne quitte pas des yeux l'extérieur. Son front est blanc à l'endroit où il est pressé contre la vitre. Ses doigts glissent et glissent sur ses longues moustaches qui pendouillent. Il porte son chapeau.

Dépêche, dépêche, pense-t-elle. Elle s'adresse au train, à ses pieds, à lui.

Elle veut lui parler de la mouffette qu'elle a aperçue hier. Elle veut lui parler du poêle, qui fume trop et qui aurait besoin d'être nettoyé. Elle veut lui parler de son rêve : elle a rêvé qu'il voulait aller dans le fleuve et qu'elle l'avait tiré et halé par les pieds, mais qu'il ne voulait pas en sortir. Il rira d'elle encore et encore lorsqu'elle le lui racontera, et son rire en fera un rêve simple, pas si effrayant ; alors peut-être pourra-t-elle en rire aussi.

Elle a suivi la courbe du fleuve et jette un regard derrière, très loin derrière, à la cabane, qui est sombre et massive, et pas très loin de la rive. Derrière, les peupliers, les champs – la partie qu'ils ont défrichée – jaunissent à l'approche de l'automne, mais maintenant il n'y a pas une seule chose de vivante sur toute cette terre, à moins qu'on tienne compte des arbres et des insectes. Pas de gens. Pas d'animaux. L'endroit est très peu différent de ce qu'il était la première fois qu'elle y a jeté les yeux. Depuis cinq ans, leur rêve d'avoir du bétail est sans cesse repoussé.

Il y avait une fois une vache. Une vieille jersey ensellée.

« Cette fois, j'ai fait un bon coup, dit-il. Mais regarde cet animal magnifique. »

Et il descendit du train pour qu'elle admire sa vache, une beauté aux grands yeux qui la regardait par une fenêtre du wagon des voyageurs.

« Peut-être bien, mais il va te falloir un miracle pour la sortir de là. »

Un détail, pour lui, qui la saisit, la fit tourner, et l'embrassa bien fort, tout cela en face du vieux chef de train et du mécanicien, qui ne se donnèrent même pas la peine de se détourner. « Enfin fermiers ! criat-il. On ne peut pas avoir de ferme sans vache. On ne peut pas avoir de bébé sans vache. »

Elle mit sa tête dans le wagon, regarda droit dans les grands yeux bruns, jeta un coup d'œil sur les cornes sciées. « Il t'a trouvée quelque part, j'imagine, dit-elle à la vache. Renvoyée du troupeau de quelqu'un parce que t'étais sénile ou tarie.

– Une vente aux enchères », dit-il, et il frappa la fenêtre du wagon de sa main. « J'étais le seul là-bas qui voulait vraiment acheter. Mais j'ai donné un coup de poing dans son pie et tiré sur ses tettes ; elle fera l'affaire. Peut-être qu'il reste même un veau ou deux dans sa vieille âme ensellée.

– Allez viens, mademoiselle J'ordonne, dit-elle à la vache, ce n'est pas une place pour toi. »

Mais la vache avait son idée. Elle recula dans un coin du wagon et secoua sa tête baissée. Son regard, posé et myope, n'avait jamais quitté Crystal Styan.

– Tu es chez toi, dit Styan. Désolé qu'il n'y ait ni foule ni fanfare pour t'accueillir, mais descends tout de même et allons-y.

– Elle est pas impressionnée, dit Crystal. Elle voit pas de grange l'attendant là-bas, ni de foin, ni de nourriture. Elle est assez maligne pour savoir qu'un wagon de train est un toit sur sa tête. »

Tous les quatre montèrent sur les sièges pour être derrière elle, et ils la poussèrent tout le long du couloir. Puis, lorsqu'ils l'eurent poussée en bas des marches, elle tomba sur ses genoux et laissa entendre un meuglement prolongé et malheureux. Elle jeta un coup d'œil autour, meugla de nouveau, se releva et galopa à toute vitesse sur les rails. Avant que Styan pût même penser la poursuivre, elle bifurqua à droite et s'enfonça dans la forêt.

Styan disparut lui aussi dans la forêt en beuglant, et après un moment, le train repartit afin de respecter son horaire. Elle retourna au sentier et l'attendit dans la cabane presque jusqu'à la tombée de la nuit. Lorsqu'elle ressortit, elle le trouva sur la rive, les pieds dans l'eau, la tête contre le tronc d'un bouleau.

« Et puis merde, dit-il en hochant la tête sans la regarder.

– Peut-être qu'elle reviendra, dit-elle.

– Un ours l'attrapera avant, ou un cougar. Il n'y a pas d'espoir qu'elle revienne. »

Elle mit une main sur son épaule, mais il la secoua. Il l'avait traînée d'un endroit à l'autre, de l'embouchure de ce fleuve jusque-là, cherchant et cherchant son rêve, jamais satisfait jusqu'à ce qu'il voit ce lopin de terre. Pour ce rêve et pour lui, elle avait souffert.

Elle sourit, pourtant, en y repensant. Parce que même alors, il était capable de se ressaisir, de croire de nouveau en son rêve, de bâtir de nouveaux plans. Elle sourit aussi parce qu'elle sait qu'il y aura une surprise aujourd'hui ; il y a toujours eu une surprise. Lorsque ce n'était pas une vache, c'était un bouquet de fleurs ou autre chose. Dans son esprit, elle parcourt une longue liste de ce que ce pourrait être, mais sait que ce ne sera aucune de ces choses. Pas une fois dans sa vie les choses n'ont été exactement ce qu'elle avait imaginé. Le seul fait de prévoir quelque chose était une garantie que cette chose n'arriverait pas, du moins pas exactement de cette manière.

« Hé, toi, Styan ! crie-t-elle soudain. Hé, toi, Jim Styan. Où es-tu ? » Et rit, parce que le bruit qu'elle fait ne peut rien changer au monde, sauf alarmer quelques animaux.

Elle rit encore, se claque une main contre la cuisse et secoue la tête. Donnez-lui seulement – combien de minutes maintenant ? – et elle ne sera plus seule. Les bois retentiront de son rire à lui, de ses cris, de sa joie. Le train, ce petit train de rien du tout, déposera son mari et continuera son chemin comme le fil de soutien qu'on a retiré d'une couture.

« Hé, toi, Styan ! Qu'as-tu apporté cette fois ? Une broche en or ? Une vieille mémé de chèvre ? »

Le fleuve coule silencieusement et elle s'imagine voir seulement des épaules, que les têtes du monstre ont plongé pour glisser sous l'eau, mais la surveillent de leurs yeux gris comme des pierres. Elle a envie de crier : « Cache-toi, minable tricheur, mon Coyote revient à la maison ! », mais elle a peur de provoquer même quelque chose en quoi elle ne croit pas. Et de toute façon elle sent – bien loin – le rythme du train qui, de la ville, descend la vallée.

Lorsqu'il est en vue elle est là, sur le quai, devant le petit abri affaissé, pour le regarder arriver. Elle se penche au-dessus de la voie ferrée pour regarder, mais n'ose jamais – même lorsque le train est si loin – descendre sur la traverse pour mieux voir.

Les planches sous ses pieds sont pourries et cassées. De longues tiges poussent entre les fentes et lui effleurent les jambes. Un écureuil dévale la pente du toit de l'abri et jacasse après elle jusqu'à ce qu'elle se retourne et élève la main pour le ramener au silence.

Elle se parle, chante presque au rythme de la locomotive – « Le voilà, le voilà » – et son sourire est déjà aussi large qu'il peut l'être. Elle sourit lorsque la locomotive glisse devant elle, puis le wagon de marchandises, et continue de sourire même après que le wagon des voyageurs s'est arrêté en face et qu'il est devenu évident que Jim Styan n'est pas à bord.

À moins bien sûr qu'il ne se cache sous l'un des sièges, prêt à bondir ; une surprise de plus.

Mais ce bon vieux Bill Cobb, le chef de train, descend les marches à reculons, traînant derrière lui un sac de jute. « Hello Crystal ! dit-il, il est pas à bord aujourd'hui non plus, j'crois ben. » Il tire le sac de toile jusqu'au milieu du quai. « Herbie Stark a envoyé ça ; c'est surtout des patates, et des choux de son épicerie qu'il allait jeter. »

Elle jette un petit coup d'œil furtif dans le sac, et oui, il y a bien des patates et des choux aux feuilles brunes ramollies.

Le mécanicien descend de sa locomotive et marche vers eux le long des wagons en se roulant une cigarette. « Belle journée encore », dit-il, ayant à peine jeté un coup d'œil au ciel. « Tu t'débrouilles ?

– Retiens-le », dit le chef de train, comme s'il s'attendait à ce que le train se mette à bouger par lui-même.

« Il y en a encore. » Il remonte dans le wagon des voyageurs et traîne une boîte remplie de provisions. « Les dames du comité paroissial ont dit de te laisser ça, dit-il. Elles m'ont dit de m'assurer que tu aies tout ce qu'elles y ont mis, mais c'est que j'sais pas comment tu pourras jamais ramener cette boîte à la maison à travers tout ce bois. »

« Elle va s'organiser », dit le mécanicien, qui fait flamber une allumette sous le bout déchiqueté de sa cigarette et attend que le tabac qui en dépasse s'embrase. « Elle fait ça – depuis combien de temps déjà ? – doit ben faire six mois. »

Le chef de train pousse la boîte de carton contre le sac de patates, puis recule et essuie la sueur qui perle sur son visage. Il lance un coup d'œil au mécanicien et ils se sourient furtivement puis se détournent. « Bon », dit le mécanicien, et marchant sur les rails, il se dirige vers sa locomotive et y monte.

Le chef de train porte la main à sa casquette pour la saluer, dit « Désolé » et remonte dans le wagon vide des voyageurs. Le train laisse entendre un long sifflement et la dépasse lentement, s'enfonçant au cœur de la forêt. Elle se tient sur le quai et le regarde un long moment, comme si une main géante retirait, lentement, le fil d'une couture de soutien à un tissu d'un vert flou.

AUDREY THOMAS

Jour de boucherie au quai de l'État

Originaire de l'État de New York (née en 1935), Audrey Thomas émigre sur la Côte ouest canadienne en 1959 avec son mari. Outre deux années passées au Ghana (1964-1966) où son mari enseignait les arts et un séjour, seule, dans quelques pays de l'Afrique de l'Ouest, elle a vécu depuis en Colombie-Britannique (Galiano Island) avec ses trois filles et enseigne la création littéraire à l'Université de la Colombie-Britannique à Vancouver et à l'Université de Victoria. Après un baccalauréat à Smith College, elle a obtenu une maîtrise de la UBC à Vancouver et y a poursuivi des études doctorales en langue et littératures anglo-saxonnes. Thomas a été *writer-in-residence* dans quelques universités canadiennes et *literary fellow* à l'Université d'Édimbourg. Sa production, régulière depuis les débuts, est abondante : *Ten Green Bottles* (1967, nouvelles), *Mrs Blood* (1970, roman), *Munchmeyer* et *Prospero on the Island* (1972, deux novellas interreliées), *Songs My Mother Taught Me* (1973, roman), *Blown Figures* (1975, roman), *Ladies and Escorts* (1977, nouvelles – c'est de ce recueil qu'a été tirée la nouvelle « Jour de boucherie au quai de l'État »), *Latakia* (1979, roman) ; *Two in the Bush and Other Stories* (1979, nouvelles choisies parmi celles de *Ten Green Bottles* et de *Ladies and Escorts*), *Real Mothers* (1982, roman), *Intertidal Life* (1984, roman en nomination pour le Prix du Gouverneur général) / *Marées* (1989 ; trad. de Pierre des Ruisseaux), *Good Bye Harold, Good Luck* (1986, nouvelles), *The Wild Blue Yonder* (1990, nouvelles), *Graven Images* (1993, roman), *Coming Down from Wa* (1995, roman), *Isobel Gunn* (1999, roman). Audrey Thomas a reçu de nombreuses distinctions, dont le second prix aux concours de Radio-Canada (1980 et 1981), le second prix du magazine Châtelaine (1981), le Ethel Wilson Prize for Best Fiction (1985, 1991, 1996), le prix Canada-Australie (1989-1990), le Marian Engel Award pour l'ensemble de son œuvre et un doctorat honorifique de l'Université Simon Fraser et de l'Université de la Colombie-Britannique (1994).

« J e voudrais seulement, dit-elle en remplissant sa tasse de café, que tout soit un peu plus primitif. »

L'homme, concentré sur son plat de tomates et de pain frits, n'entendit pas, ou choisit d'ignorer la mélancolie dans sa voix. La bouche pleine, il eut un petit rire et puis, avalant : « Quoi, tout ?

– Tout *ceci* », dit-elle avec impatience, faisant un geste vers l'intérieur du petit chalet. Ils étaient assis près de la fenêtre et prenaient leur déjeuner. Il était neuf heures du matin, un dimanche, et le ciel se gonflait et s'affaissait, chargé de lourds ballots de nuages ternes. Il voulait retourner sur l'eau avant que la pluie ne se mette à tomber.

« Je croyais que tu te plaisais ici », dit-il, avec un sourire de défi. Elle s'était remise à jouer ses petits jeux.

« Bien sûr. J'adore ça. Vraiment, je ne veux plus jamais repartir. Mais, dit-elle, le regardant par-dessus sa tasse, considérant que le vieil homme n'est mort que quelques mois plus tard, ne crois-tu pas que c'était plutôt mesquin de la part du destin de lui avoir suggéré la plomberie et l'électricité ? Je veux dire, ajouta-t-elle avec un sourire, considérant aussi que nous allions être les légataires hésitants de toute cette dépense.

– Peut-être es-tu hésitante, dit-il, s'essuyant la bouche, mais pas moi. Pour ma part, je crois que nous avons été sacrément chanceux. »

Elle haussa les épaules et se leva pour desservir la table, se frottant inconsciemment le bas du dos. Elle avait acquis un léger bronzage depuis les dix jours qu'elle était là et il pensa qu'elle avait vraiment bonne mine. Il y avait une fine pluie de taches de son cuivrées sur son nez et le long de ses bras. Elle avait l'air forte, indépendante et presque jolie là près de la fenêtre, avec les assiettes empilées dans sa main. Ce n'est pas un mythe, pensa-t-il, ou un mensonge pieux afin qu'elles se sentent mieux. Les femmes sont vraiment ravissantes lorsqu'elles sont enceintes. Parfois elle lui demandait, très sérieusement :

« Tom, est-ce que tu me trouves jolie ? », ou : « Tom, qu'est-ce que tu dirais de moi si tu me voyais de l'autre côté de la pièce ? »

Ses questions le rendaient impatient et l'embarrassaient ; il finissait habituellement par lui renvoyer une boutade parce qu'il était à la fois timide et honnête. Il souhaitait qu'elle le lui demande maintenant, mais il ne voulait pas offrir de son plein gré sa vision. Il se leva plutôt et demanda :

« Où est Robert ?

– Juste ici, sur le porche. Je l'aperçois. Il a un plat rempli d'huîtres, de palourdes et un bernard-l'ermite dans une coquille de buccin. Ça fait deux jours que le bernard-l'ermite le fascine. Je ne savais pas, ajouta-t-elle, que les anatifes étaient de petites créatures. Elles ont de petits trucs comme des mains qui sortent et balaient l'eau à la recherche de nourriture.

– Oui, je crois que ce sont en fait leurs pieds, dit-il. Mon grand-père me l'a appris il y a des années. Ils se tiennent sur la tête une fois qu'ils se fixent, et catapultent la nourriture dans leur bouche pendant le reste de leur vie. *Ça*, c'est ce que tu appelles primitif. » Il remit son chandail. « Qu'est-ce que tu dirais si je

pêchais encore un petit bout avant qu'il pleuve ?
Ensuite, j'emmènerai Robert faire une promenade pour
te laisser tranquille.

– Oh, ce n'est pas un mauvais garçon, sauf peut-
être lorsqu'il veut grimper un peu partout sur moi. En
fait, il est mieux ici qu'à la maison. Tout l'emballe. Il
pourrait vivre ici indéfiniment lui aussi.

– Tu dois retourner bientôt, lui rappela-t-il gentiment, que tu le veuilles ou non.

– Je ne veux pas. Je déteste la ville. Et j'aime
mieux être ici maintenant, dit-elle, que plus tard,
lorsque tous les estivants arrivent.

– Tu ne te sens pas seule ?

– Non, pas du tout. » Elle était embarrassée d'avoir
à l'admettre et irritée qu'il l'ait demandé. « Je me pro-
mène, m'assoit pour regarder autour de moi et je lis
mes livres le soir ou j'écoute la radio. Et il y a Robert
bien sûr. Il a commencé à avoir peur du noir, cependant, dit-elle, pensive. Je me demande pourquoi. Il me
réveille la nuit.

– Tu n'avais pas peur, toi ? lui demanda-t-il par
défi. Moi, si. »

Elle se retourna, surprise. Elle avait eu peur, bien
sûr, mais elle avait été une enfant très nerveuse, maladive.

« Oui. » Elle était devant l'évier, les mains savonneuses hors de l'eau, suspendues au-dessus d'une assiette, se souvenant : « Je restais étendue immobile
parce que j'étais absolument sûre qu'il y avait quelqu'un dans la pièce. S'il savait que j'étais éveillée, ou
si j'appelais à l'aide, il m'étranglerait ou me couperait
la gorge.

– Des pas dans l'escalier, dit-il en se roulant une
cigarette.

– Des visages de l'autre côté des vitres, ripostat-elle.

– Et n'oublie pas, ajouta-t-il, le petit gars peut vraiment avoir vu quelque chose. Un chevreuil, ou même le chien des Hooper. Je l'ai vu se lever et ouvrir les rideaux après sa sieste. Laisse la lumière allumée. » Il remit la boîte de tabac sur le châssis de la fenêtre et se leva. « Laisse la lumière de la salle de bains allumée. Ça ne nous ruinera pas.

– Ça ne le rendra pas mou ? s'écria-t-elle. Est-ce que ça n'est pas céder à ses peurs ?

– Pas vraiment. Il les perdra en grandissant. Peut-être que cette force naît du réconfort. » Il embrassa ses cheveux sur la nuque. « À tout à l'heure.

– Rapporte-nous un poisson », dit-elle, lui rappelant son rôle de pourvoyeur, tout en sachant au fond que cela lui était égal qu'il prenne un poisson ou non. Elle était jalouse de sa relation au bateau, aux rames, à la mer. Il reviendrait avec le regard rempli d'un plaisir presque sensuel.

Il sortit, claquant la porte, et elle l'entendit qui taquinait le petit, lui expliquant quelque chose. Elle laissa la vaisselle sécher et se versa une autre tasse de café. Le bébé donnait des coups et elle se tapota l'abdomen comme pour le rassurer. Garçon ou fille, cheveux foncés ou clairs, se demanda-t-elle nonchalamment, pas vraiment sérieusement. Ce n'était pas en son pouvoir, comme le temps et les marées. Mais voulait-elle vraiment l'avoir ici, peut-être seule, avec Robert qui crierait de la prison de son berceau ou se blottirait au pied de son lit, marqué – peut-être en porterait-il les stigmates toute sa vie – par les gémissements et le sang ? Robert était né rapidement, incroyablement et merveilleusement vite pour un premier enfant ; le médecin lui avait dit que cela signifiait un travail rapide pour le second. À sa façon, elle était timide, particulièrement à propos des choses du corps. Pouvait-elle vraiment aller chez cette vieille Mrs Hooper lui demander de l'aide, ou devait-elle accepter la possibilité d'être transportée hors de l'île par l'un des bateaux de pêche de l'endroit, d'être observée par les visages taciturnes, brûlés par le soleil, des hommes pour qui elle ne serait, s'ils la reconnaissaient, qu'une autre de ces estivantes ?

C'était plus facile jadis, pensa-t-elle, lorsqu'on n'avait pas le choix. Elle se sourit à elle-même, car Tom, s'il l'avait entendue, aurait ajouté : « et qu'il y avait la fièvre des parturientes, et les bébés qui mouraient, et les femmes épuisées avant même qu'elles ne commencent ». Il la traitait de romantique et l'accusait de ne jamais aller au fond des choses. C'est lui qui aurait pu survivre jadis sans se plaindre. C'est lui qui avait la force de traîner du bois flotté à partir de la petite grève rocailleuse et de le scier à la main, qui savait réparer les choses abîmées ou faire un feu parfait à chaque fois. Il descendit sa chaloupe jusqu'au quai sur une structure triangulaire qu'il avait montée avec les vieilles roues d'un landau mis au rebut, lui fit descendre la rampe étroite, qui était très à pic lorsque la marée était basse, la pencha d'un côté, embarqua prudemment et s'éloigna en ramant. Lorsqu'il était présent, elle était jalouse de sa force et de ses connaissances – il avait grandi en campagne près de la mer. Elle venait de la ville et les noms des choses lui échappaient toujours.

Elle rêvait ; il fabriquait. Ses mains à elle étaient maladroites, sauf dans les gestes d'amour envers son mari ou son fils, et elle regrettait souvent de ne pas avoir appris à tricoter ou à tisser, ou même à jouer d'un instrument. Elle aimait lire, marcher et parler, et se sentait superficielle et sans esprit pratique.

Pourtant, depuis qu'ils avaient trouvé le chalet, elle ressentait une certaine satisfaction personnelle, une dignité grandissante. Elle avait appris à cuire du bon pain substantiel dans le four de la petite plaque chauffante à deux feux, qu'elle espérait remplacer tôt ou tard par un vieux poêle à bois en fonte ; elle avait appris la valeur de l'ammoniac pour les piqûres de guêpes ; elle avait appris à reconnaître les champignons comestibles qui poussaient en profusion près de l'école abandonnée. Elle arrivait même à allumer un feu maintenant, presque coup sur coup.

Elle avait acheté un opuscule sur les plantes comestibles et apprenait secrètement la valeur nutritive des diverses plantes qui poussaient en abondance autour de chez elle. Elle avait commencé un jardin de fines herbes dans le tiroir d'une vieille commode et en voyait déjà des gerbes séchant au plafond de la cuisine, des pots de confiture de cynorrhodon et de mûre, des champignons dans la saumure, conservés dans des jarres de terre cuite. On pouvait apprendre des livres et par expérience. Elle prit un crayon et, sur un morceau de papier à dessin, griffonna une liste :

morue	chardons	cueillir laitue
saumon	orties brûlantes	? peut-être vendre quelques-
huîtres	mûres	unes de nos pommes

moules	pommes	? mon pain
	champignons	faire un jardin, de la bière ?
	pissenlits	

une chèvre et des poules pour Robert et le bébé.

Puis elle rit, mit le papier en boule et le jeta dans le poêle ventru (sa grande fierté, un présent de Tom, découvert par lui) qui chauffait la petite cuisine. Le feu était presque éteint. Elle préparerait du pain puis emmènerait Robert au dock jusqu'à ce que Tom revienne.

« Robbie, l'appela-t-elle, frappant sur la vitre, tu veux m'aider à faire du pain ? » À son expression, elle vit qu'il n'avait pas compris, alors elle se rendit à l'autre bout de la pièce – Tom avait démoli la plus grande partie du mur pour faire une seule grande pièce – et ouvrit la porte avant. Il faisait très frais et elle frissonna. « Hé, tu veux m'aider à faire du pain ? »

Il fit oui de la tête, robuste et solennel comme son père, mais il avait le teint et les cheveux clairs de sa mère. Elle défit sa veste et l'embrassa. Ses joues étaient très rouges.

« Tes oreilles sont froides », dit-elle en riant, tenant sa tête comme un ballon entre ses mains. « Et tu as l'odeur de la mer. Où as-tu mis ton bonnet ?

– J'sais pas. J'veux du jus. » Il se dégagea d'elle en se tortillant et elle pensa, avec une pointe de regret, « Déjà ? », et essaya de le fixer dans sa mémoire tel qu'il était à ce moment précis, bien gras, avec ses joues rouges, ses yeux vifs d'oiseau et sa peau fraîche qui fleurait la mer.

« Allez, dit-il, tirant sur sa jupe, du jus et des biscuits.

– Qui a dit quoi que ce soit à propos de biscuits ? demanda-t-elle avec une sévérité feinte.

– Du jus, répéta-t-il, très sûr de lui. Et deux biscuits. On me permet deux biscuits. »

– Qui ça, *on* ?

– Du jus et deux biscuits », dit-il, grimpant sur une chaise près de la table de cuisine.

Plus tard, après qu'ils eurent humé la levure, pétri la pâte et confectionné un tout petit pain pour Robert dans un moule à muffins, elle couvrit le pain, le laissa près du poêle encore chaud et emmena l'enfant au quai pour regarder les pêcheurs. Il y avait trois bateaux de rentrés : le *Trincomali*, le *Sutil* et le *Mary T*, et ils se cognaient les uns contre les autres dans l'eau légèrement agitée. Elle regarda en direction des autres îles, espérant voir Tom, mais n'y parvint pas. Puis, elle et le petit descendirent prudemment la rampe jusqu'au dock inférieur, où le plus gros de l'activité avait lieu. Elle connaissait quelques-uns des Indiens de vue, les avait aperçus sur la route ou dans le petit magasin qui desservait la population de ce côté de l'île ; mais, de la dizaine de personnes qui étaient sur le dock ou sur les ponts des embarcations, la majorité lui étaient étrangères et elle se sentit soudain plutôt présomptueuse d'oser même y venir, comme une touriste – ce qui était, bien sûr, exactement ce qu'elle était.

« Ça vous embête si nous venons ? » lança-t-elle par-dessus le bruit des mouettes hystériques et d'une radio qui beuglait de l'une des cabines. Deux jeunes hommes en chemises de bûcherons à carreaux rouges identiques buvaient de la bière et prenaient une pause sur le pont du *Mary T*. Ils levèrent les yeux sur elle pendant qu'elle parlait, la regardèrent sans curiosité, sentit-elle, la reconnaissant simplement comme un fait – comme les mouettes ou les poissons qui agitaient leurs nageoires – qui appartenait à leur dimanche matin.

« Faites comme vous voulez, ma petite dame », dit un homme plus âgé qui semblait être en charge des autres. « Mais prenez soin de ne pas glisser sur ces planches-là. »

Elle regarda par terre. Il avait raison, bien sûr. La plus grande partie du dock inférieur était traître maintenant, visqueuse, à cause du sang et des restes de viscères de poissons. Les hommes dans leurs bottes de caoutchouc marchaient prudemment. Cela faisait bien une heure qu'ils tuaient des poissons, et l'odeur du poisson et le cri des mouettes planaient dans l'air lourd. Il y avait un rideau presque palpable d'odeurs et de sons et cela, ajouté à la vue de poissons qui suffoquaient, lui donna le vertige un moment, transformant le quai en un carrousel de chevaux de bois à l'ancienne, comme ceux auxquels elle s'était accrochée, enfant, dans les parcs, cependant qu'elle, le petit, les Indiens, les mouettes, les poissons aux petits yeux, suffoquant, le ciel gris et gonflé tournoyaient, encore et encore, dans une cacophonie de sons, d'odeurs et de pure sensation. Elle voulut faire cesser cela, mais sentit une légère nausée – comme sur les vrais carrousels de son enfance – et enfouit son visage dans les cheveux odorants de son enfant, comme s'il était un petit bouquet de fleurs. Elle respira profondément, s'assit et sourit. Personne n'avait remarqué, sauf peut-être les deux jeunes Indiens. Tous les autres étaient occupés. Elle sourit, commença à enregistrer la scène et à y prendre plaisir.

Partout il y avait des poissons à divers stades de la vie et de la mort. Des morues nageaient sous les ponts des petits bateaux, tournant et tournant, se cognant les unes sur les autres comme si elles faisaient partie du jeu de quelque enfant fou, et cherchaient désespérément à se frayer une voie vers la mer. Puis l'un des hommes, avec une épuisette, prenait un poisson, le lançait sur le quai, où un autre l'assommait, l'éviscérait rapidement, les viscères étant ensuite lancées par-dessus bord aux mouettes braillardes. Souvent les poissons n'étaient pas morts lorsqu'on les éviscérait. Elle le voyait, et cela aurait dû importer : les poissons assommés, éviscérés, les faces tristes et stupides des morues avec leurs mentons fuyants et leurs barbes idiotes de Chinois. Pourtant, plutôt que de la troubler, cela la grisait, cet étrange rituel de mort et de survie du dimanche matin.

Les poissons étaient empilés au petit bonheur dans des poubelles, les queues entassées sens dessus dessous, puis étaient transportés par deux hommes en haut de la rampe, afin d'être pesés sur des balances. La seule femme présente, une très jeune Indienne dont les cheveux étaient roulés autour de bigoudis sous un fichu de chiffon rose pâle, écrivait soigneusement les poids, dictés d'une foix forte. « Quatre-vingt-dix-neuf. » « Soixante-dix-huit. » Des centaines de kilos de morue à être empaquetés dans de la glace jusqu'à ce qu'un camion arrive et les amène à la ville par le traversier du soir. À combien la livre, se demanda-t-elle. Le poisson était cher en ville – trop cher, pensa-t-elle – et elle se demanda combien, en fait, allait à ces pêcheurs, durs à l'ouvrage. Mais elle n'osa pas s'informer. Leurs visages, s'ils n'étaient pas hostiles, lui étaient fermés, absorbés qu'ils étaient par la tâche du moment. Il y avait presque un rythme à leur tâche, et même s'ils ne chantaient pas, elle sentait les mouvements instinctifs – levée du bras, retombée et tranchage – des trois hommes responsables de la boucherie. Si elle avait été compositeur, elle aurait pu écrire ce mouvement. Une seule question d'elle et tout pouvait être ruiné. Pendant un instant le soleil s'éclipsa, et elle tourna son visage vers le haut, se sentant très vivante et heureuse d'être là, ce matin-là, à regarder les mains de ces pêcheurs – des mains qui scintillaient d'écailles, comme du mica, au soleil –, à écouter le son sourd que faisaient les poissons en tombant et le crissement des mouettes qui tournoyaient. Un an plus tôt, pensa-t-elle, toute cette scène l'aurait rendue malade – maintenant, d'une étrange manière, elle comprenait cela, en était partie intégrante. Comme un crabe, elle sentait un nouveau moi émerger sous la vieille coquille friable – se sentait prendre de l'ampleur, se libérer. L'enfant donna un coup, comme en reconnaissance – un crabe dans un crabe. Si seulement Tom – mais l'enfant en vie près d'elle tira sur son bras.

« J'ai faim.

– Ah, Robert. Attends un peu. » Elle lui en voulut. Le bouda. Il savait comment avoir raison d'elle.

« Je veux faire pipi. Je veux faire pipi *et* caca », ajouta-t-il d'un air de défi.

Elle soupira. « Ça va, tu as gagné. Allons-y. » Elle se releva, raide d'avoir été assise dans cette position pendant si longtemps. Un cœur de morue battait tout seul juste en bas de la rampe. Soigneusement, elle l'évita, remontant dans un rêve lourd la rampe maintenant plus à pic (la marée descendait déjà), et elle reprit le chemin du chalet.

Toujours dans un rêve, elle s'occupa de l'enfant, lui essuyant le derrière, donna un coup de poing dans le pain levé, alluma le petit four. Après que l'enfant eut mangé un sandwich, elle le mit au lit pour la sieste et resta assise à la table de la cuisine à rêver. Les premières gouttes de pluie commencèrent à tomber, mais elle ne les vit pas. Elle vit Tom, un bateau de pêche, et leur vie là, ensemble, loin du bruit et de la terreur de la ville. Du poisson – et des pommes – et du pain. Faire l'amour au petit matin, s'éveillant à l'amour avec le soleil, eux deux – et Robert – et le bébé. Elle mit le pain au four, espérant maintenant que Tom reviendrait pour pouvoir lui parler.

« Tu aimes l'île, avait-il dit, seulement parce que tu sais que tu peux la quitter. N'importe quand. Tu joues la primitive. Comme une nature morte avec des perdrix ou des canards morts ou des pivoines avec une seule fourmi. Laisse tomber.

– Qu'est-ce qu'il y a de mal à vouloir être simple et vivre sans superflu ?

– Rien, avait-il répondu, si c'est ce que tu es vraiment. »

Elle commençait une tarte, soudain agitée, lorsqu'on frappa à la porte. Cela la surprit et le bébé donna à nouveau des coups.

« Bonjour », dit-elle, trop consciente de ses manches relevées et de ses mains enfarinées. « Puis-je vous aider ? »

C'était l'un des jeunes Indiens.

« Les gars disent que vous avez un téléphone, madame. Est-ce que je pourrais l'utiliser ? Mon beau-frère était censé venir nous prendre et il est pas venu.

– Mais oui, il est juste là. » Elle retourna à la cuisine et trancha des pommes, s'appliquant à ne pas écouter. Mais, bien sûr, il n'y avait pas de mur. À part se boucher les oreilles elle ne pouvait pas faire grand-chose.

« Hé, Thelma. C'est toi, Thelma. Eh bien, où est ce damné Joe ? Ouais, toute la matinée. Non. J'appelle de la maison en haut. Ah ouais ? Eh ben, dis-lui de s'amener ici au plus vite. Ouais. O.K. À plus tard. »

Elle entendit raccrocher le récepteur puis il alla jusqu'au foyer qui, avec le poêle ventru, divisait la pièce en deux.

« Dites, commença-t-il, j'ai laissé du sang partout sur votre téléphone. Avez-vous un torchon ? » Elle regarda ses mains, qui étaient toutes marquées de coupures peu profondes, et le sang d'un rouge-orangé vif, qui suintait toujours.

« Vous vous êtes blessé ?

– Non, dit-il fièrement, balançant son poids sur une jambe, c'est toujours comme ça quand on fait la morue. Les couteaux, y sont trop aiguisés, vous savez », ajouta-t-il avec un sourire, comme si elle savait vraiment. Des gouttelettes de sang tombèrent comme il parlait, éclaboussant le linoléum.

« Ne voulez-vous pas de pansements, au moins ?

– Ça durerait pas deux minutes avec cette pluie, dit-il, mais donnez-moi un torchon pour nettoyer le téléphone.

– Je m'en charge », dit-elle, se penchant maladroitement vers l'une des armoires du bas pour prendre une serpillière. Elle le précéda dans le salon. Il avait raison : le récepteur était rouge de sang, et quelques taches de sang décoraient un aérogramme – comme des sceaux de notaire – qu'elle avait laissé ouvert sur le bureau. Blanche-Neige dans sa pâleur. Il devint Rose Rouge.

« Où ai-je la tête ? rougit-elle.

– Je suis vraiment désolé, dit-il, la regardant de ses yeux sombres et brillants. Je voulais pas semer la pagaïe dans vos choses. »

Elle se tenait devant lui avec le linge maculé du rouge vif de son sang, acceptant sa jeunesse, sa masculinité, son arrogance. Son propre sang pâle bourdonnait ferme dans ses oreilles. « Si vous êtes sûr que ça va aller, réussit-elle à dire.

– Ouais. Tant pis. Ça sera guéri dimanche prochain. » Il montra ses mains et elle vit, avec le sang qui suintait, les lignes blanches et fines comme des fils de cent cicatrices. Lentement, elle étendit le bras et trempa deux doigts dans le sang, puis les leva et les étira sur son front et en travers de chaque joue.

« Christ », jura-t-il doucement, puis il prit la partie propre du chiffon, cracha dessus et essuya doucement son visage. Elle était très consciente de sa grosseur et se pencha légèrement en avant pour ne pas qu'il ait à effleurer son ventre. De quoi *leurs* enfants auraient-ils eu l'air ?

Puis le charme se rompit et il rit, embarrassé, et jeta un coup d'œil autour.

« C'est pas mal chez vous », mais elle se rendait compte qu'il ne le pensait pas. De quel genre de maison rêvait-il ? Il était très beau avec ses cheveux noirs épais et sa chemise de bûcheron à carreaux.

« Bon, commença-t-elle, avec son visage trop ouvert, trop transparent.

– Bon, répondit-il, pressé de partir maintenant. Ouais, à un de ces jours. Merci pour votre téléphone. »

Elle fit oui de la tête et il partit.

Lorsque Tom revint, dans la petite maison flottait la riche odeur du pain, de la tarte à la rhubarbe et du café.

« Ça a marché ?

– Oui, répondit-il, et non. Je n'ai rien attrapé – mais toi, si.

– Moi ? demanda-t-elle, perplexe.

– Ouais. Un des pêcheurs m'a donné cela pour toi. Il m'a dit que tu l'avais laissé utiliser le téléphone. C'était très gentil de sa part, je dois dire. »

Et là, nettoyé et vidé, vraisemblablement par le couteau avec lequel il s'était coupé, se trouvait un très beau filet de morue. Elle le prit dans ses mains, en sentit la texture fraîche et râpeuse, et se demanda pendant un moment étrange si sa langue était comme ça – fraîche, rugueuse comme une langue de chat, avec un goût de poisson.

« Qu'est-ce qu'il a dit ? demanda-t-elle, de dos à l'homme.

– Il a dit : « Donnez ça à la dame. » Pourquoi ?

– Pour rien. Je le trouvais plutôt effronté. Il me faisait me sentir vieille. »

Plus tard, ce soir-là, sur leur canapé en face du feu, elle le surprit par la violence de son amour. Il sentait qu'elle essayait de le posséder en quelque sorte, de le dévorer, peut-être même de l'exorciser. Et pourquoi n'avait-elle pas fait cuire la morue pour le souper ? Elle avait dit que, subitement, elle n'avait plus eu envie de poisson. Il la regarda, endormie, ses lèvres pleines entrouvertes, et sentit le triste et incommensurable abîme qui les séparait ; puis il s'assit un instant et ouvrit les rideaux, cherchant vainement le réconfort de la lune derrière le rideau perlé de la pluie. L'homme secoua la tête. Il n'y avait pas de réponses, que des questions. On ne pouvait que vivre et accepter. Il se détourna de la femme et plongea sans effort dans un sommeil sans rêve, frais et profond. La pluie tombait sur le petit chalet, sur les arbres et sur le quai de l'État plus bas, où, obstinément, elle lavait toutes traces des morues et de la boucherie, toutes, sauf les bouteilles de bière, qui semblaient se prélasser contre les pilotis comme les Indiens plus tôt ce jour-là. La pluie tombait, le bébé donnait des coups. La femme gémit un peu dans son sommeil et se rapprocha du dos rassurant de son mari. Et la pluie tombait toujours, et dimanche soir – à la longue – devint lundi matin.

SANDRA BIRDSELL

Voyageurs de nuit

Née en 1942 dans un petit village manitobain d'un père métis et d'une mère mennonite russe, Sandra Birdsell a exercé divers métiers et n'est venue à l'écriture qu'à 36 ans, après avoir suivi un cours de création littéraire avec Robert Kroetsch. Elle a écrit quatre recueils de nouvelles, *Night Travellers* (1982, récipiendaire du Gerald Lampert Award), dont la nouvelle « Voyageurs de nuit » est tirée, et *Ladies of the House* (1984), dans lequel elle continue son exploration de la ville fictive d'Agassiz. Ces deux recueils seront plus tard réunis en un seul, *Agassiz Stories* (1987) / *Agassiz* (1990 ; trad. de Maryse Trudeau), et suivis par deux romans, *The Missing Child* (1989), qui a reçu le W.H. Smith / Books in Canada first Novel Award, et *The Chrome Suite* (1992), en nomination pour le Prix du Gouverneur général, récipiendaire du McNally Robinson Best Book of the Year in Manitoba et du Joseph Staufer Award. *The Two-Headed Calf* (1997), son dernier recueil de nouvelles, a reçu le Saskatchewan Best Book for 1997 et a aussi été en nomination pour le Prix du Gouverneur général. Ses nouvelles ont paru dans de nombreuses anthologies. Birdsell a également écrit un livre pour enfants, *The Town that Floated Away* (1997), qui a aussi reçu le Saskatchewan Best Book for 1997, catégorie littérature pour enfants. *Writer-in-residence* dans plusieurs universités canadiennes, Birdsell a écrit des scénarios pour l'ONF et pour la télévision ainsi que des pièces de théâtre. En 1994, elle a reçu le Marian Engel Award pour l'ensemble de son œuvre.

« Lorsqu'une femme a des rapports sexuels, se dit Mika, elle pense à ce qui pourrait arriver. » Elle grimpa dans la nuit la colline qui l'éloignait du fleuve et de James. Elle se déplaçait dans un paysage en noir et blanc, dépourvu de détails qui auraient réclamé son attention. Et la nuit était aussi un abri. Là-haut, le ciel d'été étoilé semblait n'être là que pour rendre Dieu encore plus lointain, plus inaccessible. En marchant, elle tirait un réconfort du coassement des grenouilles dans les fossés humides qui bordaient la route, du hululement d'un hibou chassant dans le parc en contrebas.

Les hommes, elle en était certaine, pensant à la fois à James et à Maurice, ne songeaient pas à des choses telles qu'une graine en perçant une autre, un bébé se formant en cet instant même, s'accrochant ferme aux côtes de sa vie. Les hommes étaient à l'intérieur d'eux-même lorsqu'ils lançaient leurs sucs. Ce n'était qu'un autre tour que Dieu jouait pour que les bébés continuent de venir au monde. *Remplissez la terre*. Eh bien ! elle faisait son travail.

Elle atteignit le sommet de la colline, se voûtant légèrement sous le poids d'une pierre qu'elle portait contre ses seins. Si jamais Maurice pensait à le lui demander, elle pourrait dire : « J'étais sortie ramasser des pierres pour ma rocaille. C'est le seul moment où je peux y aller, lorsque les enfants dorment. » Et elle dirait tout de même la vérité.

Elle s'arrêta pour reprendre son souffle et se retourna vers le parc bordant le fleuve. La femme de Lot se retournant, regardant avec envie vers une ville interdite. Mais, contrairement à la femme de Lot, elle n'était pas devenue une statue de sel. Parmi les arbres du parc, on voyait une lumière briller derrière la minuscule baraque de James. Il avait allumé la lanterne. L'orgueil lui fit souhaiter qu'il fût resté quelques instants, par décence, à la regarder gravir la colline. Pour cette raison, elle avait gardé le dos droit jusqu'à ce qu'elle fût certaine qu'il ne pût plus la voir. Mais déjà, il était étendu, perdu dans l'un des nombreux livres qu'il gardait par terre, près du lit de camp. Qu'attendait-elle ? Ç'avait été leur entente, ne rien attendre l'un de l'autre. Elle avait Maurice et les enfants. Il avait son rêve de voyages en voilier.

Au sommet de la colline, la route s'étendait, large et droite, pendant un kilomètre, jusqu'au cœur de la ville. Elle voyait des lumières lorsque les autos, dans la rue principale, se dirigeaient vers la ville ou en ressortaient rapidement. Elle longea le bosquet d'arbres fruitiers entourant le jardin de ses parents. Le parfum des fruits mûrs parvenait de l'autre côté de la rue, et elle pensa aux pommes que sa mère lui avait données, des paniers entiers, au fond du placard. Le cottage blanc de ses parents était dans l'obscurité au-delà du jardin. Je suis désolée, dit-elle. J'avais oublié les pommes. Mais avec les enfants, j'ai déjà les mains pleines. Elle songea aux enfants, à leurs joues rondes, rougies par leurs rêves, et accéléra le pas.

Au-delà du fossé, il y eut un bruissement soudain, comme le son d'un animal se relevant lestement. Mika, saisie, resta immobile et écouta. Une silhouette sombre se dégagea de la masse des arbres fruitiers et apparut sur le petit chemin qui menait du cottage à la route.

« Qui est là ? » Elle entendit des mouvements, le froissement d'une étoffe contre une autre. Une toux sèche. « Papa, est-ce toi ? »

Son père vint vers elle dans l'obscurité. Le soulagement rendit ses jambes molles.

« *Liebe*, Mika. J'espérais, mais je savais dans mon cœur que c'était toi. »

Savait que c'était moi, quoi ? Que savait-il ? « Qu'est-ce que tu fais debout à une heure pareille ? demanda-t-elle plutôt. L'air de la nuit n'est pas bon pour tes poumons.

– Quand l'un de mes enfants a des ennuis, je ne me soucie pas de telles choses.

– Qu'est-ce que c'est, des ennuis ? » Elle sentit son cœur tressaillir contre la pierre qu'elle tenait serrée sur sa poitrine. Comme il se tournait vers elle, il fut éclairé par la lune, et elle vit qu'il avait enfilé son pantalon par-dessus ses vêtements de nuit. Sa chemise était restée ouverte, exposant la peau d'oignon de sa poitrine à la brise fraîche. Elle lut de l'inquiétude pour elle dans les rides profondes de son visage. Si seulement il usait de colère, ce serait plus facile de lui tenir tête.

« Ah, tu sais de quoi je parle. Je t'ai vue aller et venir. Je l'ai vu, lui. J'ai honte pour toi.

– Ce que tu as vu, c'est moi qui ramassais des pierres pour une rocaille. » Elle tenait la pierre devant elle. « Je les trouve sous le pont.

– Mika. » Il y avait de la tristesse dans sa voix.

C'était le ton qu'il avait utilisé avec elle toute sa vie. Cela lui faisait changer le cours de ses actions, car elle ne voulait pas être responsable de son chagrin. C'était la même chose avec Maurice. La paix à tout prix. Maurice s'était imposé à elle et elle lui avait pardonné à cause de son offre de poser une nouvelle fenêtre dans la cuisine. C'était quelque chose qu'elle détestait d'elle-même.

« Alors, tu m'as vue aller et venir et tu as honte pour moi. Pas moi. »

Il lui bloquait le chemin. « Viens à la maison. Nous devrions parler et... »

Elle l'esquiva et commença à s'éloigner. Parler ? Parler de Maurice et de ses humeurs de nuit sans lune ? Du prochain bébé qui arrivera dans une maison pleine de bébés ? Non, nous parlerons plutôt de mes responsabilités.

« En es-tu rendue désormais si loin qu'il te faille trouver des excuses à ton comportement ? l'entendit-elle lui crier. Que dois-je dire aux aînés à l'église ? »

Devant elle, se profilant contre le ciel, un battement d'ailes en forme de cales : deux chauves-souris avalant des insectes. Elles s'emmêleraient dans ses cheveux. Elle entendit son pas léger sur la route, puis il marcha à ses côtés. « Pourquoi dois-tu leur dire quoi que ce soit ? demanda-t-elle. Cela ne les regarde pas. Ce que je fais, c'est mon affaire.

– Nous sommes une communauté. Des gens unis par notre croyance, comme une famille. Lorsqu'un membre a mal, toute la famille souffre.

– Une famille. Je ne fais pas partie de cette famille, dit Mika. Je n'appartiens à aucun groupe.

– Comment peux-tu dire ça ? Les femmes t'accueillent dans leurs maisons. Elles prient pour toi.

– Oh, elles m'accueillent, pour sûr. Je suis celle qu'on prend en pitié, celle pour qui on prie. Ça leur donne quelque chose à faire. »

Ils marchèrent quelques instants sans parler. Il tira sa forte moustache blanche, comme il le faisait lorsqu'il était perdu dans ses pensées. Elle s'arrêta, se tourna vers lui.

« Écoute. Papa. Tu sais qu'ils n'acceptent pas Maurice. Même s'il voulait y aller, ils ne l'invitent pas dans leurs maisons. Ils ne m'acceptent pas vraiment non plus. Alors, si tu crois que c'est important de le dire aux aînés, dis-leur. Ça m'est égal. »

Le vol des chauves-souris était une danse, une soudaine plongée, un battement, un vol plané et elles déviaient pour revenir parmi les arbres. Parties. Elle accéléra le pas. « Les enfants sont seuls, dit-elle.

– Oh, alors tu penses enfin aux enfants ? rétorqua-t-il.

– Bien sûr que je pense à eux. J'ai besoin de quelque chose pour moi aussi. »

Il posa sa grosse main fraîche sur son bras et l'attira en bordure de la route. Son teint ensoleillé avait pâli, et il y avait de la crainte dans ses yeux. « Mais pas de cela, pas de cela, insista-t-il. Qu'es-tu en train de dire ? Il faut demander à Dieu de te pardonner. Le salaire du péché, c'est la mort. »

Toujours des versets de la Bible qui, donnés par amour, deviennent des murs de brique, érigés promptement sur son chemin. Les poils de ses bras et de son cou se hérissèrent.

« Papa, répondit-elle, c'est mon péché et c'est ma mort. Laisse-moi tranquille. »

Elle leva la pierre, l'éloigna de sa poitrine, la laissa tomber et cogna du pied pour l'enfoncer dans le sol. Elle se détourna vite de lui et courut avec ses mains pressées sur son ventre.

171

Elle se déshabilla rapidement, son cœur battant toujours la chamade, et écouta leur bruit, celui des enfants, respirant dans toute la maison. Elle était d'abord restée sur le seuil d'une chambre, les écoutant, puis sur le seuil d'une autre chambre ; enfin elle se pencha sur le bébé dans le berceau au pied de son lit. Elle l'avait tâté dans le noir, avait trouvé une masse moite sous les couvertures. Elle avait changé sa couche sans le réveiller. Maurice n'était pas à la maison. Il était toujours à l'hôtel. Elle attendit encore que son cœur se calme pour dormir et frotta doucement son estomac. Qu'est-ce qu'il serait, se demanda-t-elle, celui-là qu'elle emmenait chez James ? Serait-il atteint ou dénaturé de quelque façon par sa colère ? En bas, une porte s'ouvrit. Elle se raidit puis se détourna et faisait face au mur lorsque Maurice monta l'escalier.

« À quoi penses-tu ? » demanda James.

Mika souleva ses jambes, les fit atterrir sur le bord du lit et s'assit. Ses pieds reposaient dans un trapèze de lumière : c'était la lune qui brillait à travers la petite fenêtre de la baraque. Mika écoutait à moitié James lui parler d'une personne unique, qui ne l'avait jamais laissé tomber. Sa voix montait et redescendait avec son étrange accent britannique, et elle arrivait à penser par-dessus. Depuis la petite fenêtre située à l'autre extrémité de la baraque, elle apercevait le cottage de ses parents, blanche sentinelle sur une colline. Il était encore une fois dans l'ombre, mais elle était certaine que le visage blanc de son père regardait dehors, de derrière les rideaux de dentelle.

« Oh, je ne pense à rien de particulier. » Mais toute la journée, elle s'était demandé : comment Dieu peut-il pardonner quelque chose qu'on ne regrette pas d'avoir fait ?

James s'appuya sur son coude et promena sa main sur le bras de Mika. L'odeur de la baraque était son odeur, qui ressemblait vaguement à celles de la muscade et de la chaleur du soleil emprisonnée dans des planches noircies par les intempéries ; c'était aussi l'odeur des autres hommes qui y avaient dormi, des hommes qui étaient venus à la ville, comme James, après l'inondation, pour aider à la nettoyer et à la reconstruire. Elle mit sa main par-dessus la sienne.

« Dieu que tu es belle, dit-il.

– Ne dis pas ça.

– Quoi ? Ne pas dire que tu es belle ? » Il se mit à rire et s'assit à côté d'elle en prenant ses cigarettes sur le châssis. « Tu es une drôle de femme. »

Il était fatigué de s'écouter parler et l'avait attirée en lui disant : « Tu es belle. » Au début, il s'était pavané autour d'elle, de toute évidence ravi de l'avoir convaincue, par son charme, de quitter les bords du fleuve, de traverser le parc et de l'accompagner dans sa baraque. Il la suivait partout, ramassant les vêtements dont elle s'était dépouillée, les déposant sur une chaise afin qu'ils n'aient pas l'air froissés lorsqu'elle partirait. C'était un amant méticuleux. Il commençait par l'embrasser à la plante des pieds, puis derrière le genou et continuait sur le ventre, obligeant le pendule à l'intérieur d'elle à s'immobiliser plusieurs secondes en son centre, de telle façon qu'elle n'éprouvait ni répulsion ni attirance mais restait suspendue entre les deux, immobile.

« Pourquoi ne veux-tu pas que je te dise que tu es belle ? » demanda James.

Parce qu'elle ne pensait pas qu'elle était belle. Il n'y avait rien de beau chez une personne qui revenait à la maison enflée et encore moite des jeux de l'amour pour coucher dans le lit d'un autre homme. Mais ce que Maurice avait fait n'était pas beau non plus. Un second tort ne compense pas le premier, avait-elle enseigné à ses enfants.

« Non, ce que je voulais dire, c'est, ne dis pas Dieu, n'amène pas Dieu dans cette affaire. »

Leurs cuisses se touchèrent lorsqu'ils s'assirent sur le lit, et elle s'étonna de la rapidité avec laquelle elle s'était accoutumée à l'odeur et au contact d'un autre homme. La flamme de son allumette révéla l'exquise laideur de son nez. C'était un crochet de chair troué de comédons. Son menton et la peau du pourtour de la bouche étaient profondément grêlés par l'acné. Tu es si laid, lui avait-elle dit un jour. Elle avait attendu le signe d'une blessure, une faille dans sa formidable confiance en lui. Il avait ri de sa tentative, avait vu clair dans son jeu. Elle le voyait tous les jours lorsqu'il passait devant la maison et il était toujours pressé, agile et maigre, se dirigeant vers quelque vision qu'il avait de lui-même et de son avenir.

Il tint sa cigarette à la hauteur de sa montre : « Ne devrais-tu pas penser à t'en retourner ? Il est presque minuit.

– Il me reste encore du temps. »

Il se leva et son torse bronzé pénétra dans le trapèze de lumière, ensuite ce fut le tour de ses fesses, serrées, musculeuses, comme il se rendait à la table placée sous la fenêtre. Il ramassa ses pinces à cheveux et les laissa tomber sur ses genoux. Il n'oubliait jamais. Il s'assurait chaque fois qu'elle parte exactement

comme elle était arrivée. Elle les prit dans sa main re-
courbée et les déposa dans la poche de sa robe.

« Ne devrais-tu pas t'arranger les cheveux, Mika ?

– Ça va comme ça. Maurice n'est jamais à la
maison avant moi. »

Il se pencha vers elle et lui embrassa le front. Il
glissa la main à l'intérieur de sa robe déboutonnée et
la caressa. « J'adore tes seins. Je crois que c'est ce qui
me manquera le plus du Canada, tes beaux seins sen-
suels. »

Elle mit les bras autour de son cou et l'attira sur
elle. « Une fois que je serai parti, dit-il dans son cou,
si jamais nous nous rencontrons, ce sera par hasard.
Tu sais cela, n'est-ce pas ?

– Oui. » Un autre mois et il ne voudrait plus d'elle
de toute manière. Déjà, elle sentait le bébé entre eux.
Elle écouta les battements de son cœur contre sa poitrine. Le vent était tombé et le silence dans le parc était
parfait, le fleuve, immmobile. L'instant passa. Elle joua
avec les pinces à cheveux dans sa poche, les démêla
et les éparpilla dans les plis de sa couverture. Il les trouverait demain. Quand il ferait son lit, aux coins bien
carrés, planifiant sa journée, son esprit déjà tendu vers
le prochain événement, il trouverait ses pinces et il songerait à elle pendant une seconde. Elle savait qu'il ne
penserait pas à elle plus longtemps, pas plus qu'il ne
se demanderait ce qu'elle pouvait bien faire à ce
moment-là, ou qu'il n'essayerait de se rappeler ses traits
comme elle le faisait pour lui. Elle se languissait même
de la vue de son corps dégingandé, de son pantalon
marron lui battant lâchement les chevilles, de sa drôle
de démarche, les bras ballants, son nez laid ouvrant la
marche. J'ai pensé à toi, aujourd'hui, avait-il dit un

jour, et ma bitte est devenue énorme et dure. Je pense à toi aussi, avait répondu Mika. Elle ne pouvait pas dire : je t'aime.

« Tu ferais mieux de partir, dit-il, avant que je ne change d'idée et que je te garde avec moi pour la nuit. »

Elle le repoussa, s'assit et boutonna sa robe. Prenant le peigne de James, elle commença à peigner ses cheveux, qui étaient emmêlés et moites de sueur. Le peigne semblait contenir quelque résidu de l'énergie de James, lui rappelant l'éventail des émotions qu'elle avait ressenties seulement trente minutes auparavant. James se leva, se rendit à la porte et elle le suivit. Il se tenait nu sur le seuil. Elle lui donna le peigne. Il dégagea les cheveux foncés de Mika des dents du peigne et laissa la brise les emporter. Là-haut, les étoiles étaient scintillantes et claires.

« Viendras-tu demain ? demanda-t-il.

– Je ne sais pas. Si je peux, je viendrai.

– Essaie. » Il prit la main de Mika dans la sienne. Il pressa les épingles à cheveux dans sa paume. « Tu avais oublié cela. »

Mika monta la colline, s'éloignant du parc, du fleuve, de James. Elle n'entendit rien des sons de la nuit, du chant des insectes, de la chasse du hibou ; elle ne vit pas non plus la lueur phosphorescente des lucioles parmi les longues herbes du fossé. Elle écoutait le son de ses pas sur la route, les battements de son cœur, sa respiration quelque peu laborieuse et ses pensées. Comment pouvait-elle être pardonnée de Dieu, ramenée à un état de sérénité, et continuer de voir James en même temps ?

Lorsqu'elle arriva au sommet de la colline, son père l'attendait dans le sentier, faisant les cent pas, éloignant les moustiques de ses bras avec une ramille. Mika marcha plus vite pour qu'il sache qu'elle n'avait aucune intention de s'arrêter. Il s'immobilisa. Elle leva la tête et passa près de lui. Elle sentit la morsure des feuilles sur ses jambes. Elle cessa soudain de marcher, la respiration bloquée dans sa gorge, et lutta contre la colère. Il jeta la ramille.

« Où est la pierre que tu as cherchée ce soir ?

– Je n'ai rien à dire. Tu ne m'obligeras pas à me disputer avec toi. Si tu veux te disputer, fais-le avec toi-même. » Sa voix ne trahissait pas sa colère. Sentant encore la morsure des feuilles sur sa peau, elle s'éloigna rapidement, marcha de plus en plus vite, jusqu'à courir. Sa respiration devint obstruée puis elle ressentit une brûlure au centre de sa poitrine. Mais elle n'arrêterait de courir que lorsqu'elle serait à la maison, en sécurité derrière la porte.

Elle s'assit à la table de la cuisine et pressa son visage sur le contreplaqué frais. Être seule pour une fois, qu'on la laisse seule, tout simplement. Elle écouta une mouche bourdonner contre la fenêtre. Le rideau de cuisine, poussé par le vent, glissait sur la plante verte. Le robinet dégouttait. Quelque chose de collant contre ses bras – elle s'assit et fronça les sourcils lorsque ses mains tombèrent sur les miettes de toasts et les taches de confiture laissées par l'un des enfants. Elle sentit ses jambes toutes molles en se rendant au robinet pour le resserrer et prit un linge pour essuyer la table. S'étirant pour allumer la lumière au-dessus de l'évier, elle vit, depuis la fenêtre, son père entrer dans la cour. Elle resta là, les mains pressées sur le visage, et attendit. Elle ne répondrait pas ; peut-être la penserait-il à l'étage, endormie.

Il effleura la porte, cogna doucement et... silence. Au-dessus d'elle, le son de l'horloge électrique. Il toussa à deux reprises. Elle l'imaginait cherchant à tâtons dans sa poche, pour cracher son mucus tacheté de sang dans son mouchoir.

« Mika, je sais que tu es là. Mika, ouvre la porte. »

La porte n'était pas verrouillée, mais elle savait qu'il n'entrerait pas tant qu'elle ne lui ouvrirait pas.

« Tu nous causes beaucoup de chagrin, dit-il, ta mère a pleuré une bonne partie de la journée. »

Pleurer pour les enfants est une perte de temps, pensa Mika. Ils finissent toujours par faire ce qu'ils veulent.

« Elle m'a dit de te rappeler, pense à l'éternité. »

Sa colère explosa. Elle se rapprocha de la porte fermée. « L'éternité ? L'éternité ? Papa. J'ai passé ma vie à me préparer pour l'éternité. Personne ne me dit comment vivre chaque jour. Ici même, où je suis. »

Elle l'entendit pousser un soupir. « Mais quand on y pense, on est ici pour si peu de temps, lorsqu'on considère toute l'éternité, dit-il.

– Oui, et il est à moi, ce peu de temps. À moi. Pas à toi. »

Il ne parla pas pendant quelques instants. Elle retint sa respiration, attendant qu'il parte. Elle sentait son amère déception, son esprit abattu. Je n'y peux rien, se dit-elle.

« Mika, une chose », dit-il. Sa voix était à peine plus forte qu'un chuchotement. « Il y a quelque chose d'incorrect dans ton raisonnement. Si nous pouvions seulement parler. Je ne suis pas bien. J'ai besoin de savoir avant de... » Il s'arrêta et commença à tousser.

Avant de mourir. Elle termina la phrase pour lui. Elle tourna le dos à la porte et pressa ses jointures sur ses dents et les mordit. La colère monta et grandit jusqu'à ce que ses poings fussent libres et levés. Qu'il essayât d'user de sa maladie contre elle. C'est ma vie, se dit-elle. C'est ma vie.

« Va-t-en », s'écria-t-elle. Elle était à nouveau face à la porte et frappa du pied. « Va-t-en. » Elle déchirerait les rideaux des fenêtres, bousculerait les chaises, ferait accourir tous ses enfants pour qu'ils soient témoins de sa colère. Elle leur laisserait voir ce qu'on lui avait fait, elle leur dirait : c'est ma vie. Elle ferait... elle chercha sa respiration. Un coup de pied douloureux dans son ventre puis l'agitation d'un membre contre ses parois. Un autre mouvement, un glissement vers le bas, un souvenir la rappelant à l'intérieur instantanément comme un petit coup de jointure contre sa tempe. Le bébé. Comme tous les autres endormis dans les chambres à l'étage, il voyageait avec elle.

« Mika, s'il te plaît, je m'inquiète pour toi. »

Elle ouvrit la porte et resta devant lui, la tête baissée et les bras ballants. Ils se faisaient face. Les épaules de son père tombaient sous sa chemise légère. « Entre, dit-elle. Je vais te prêter l'un des chandails de Maurice. » Elle se mit à pleurer.

Il entra vite et mit la main sur son épaule. « Oui, oui, dit-il. C'est ça. Tu dois pleurer pour ce que tu as fait. C'est le début de la guérison. Dieu aime un cœur humble et contrit. »

Elle s'appuya contre lui, sentit les angles de sa cage thoracique sous ses bras. Je pleure parce que je ne peux avoir ce que je veux. Il s'en va bientôt. Je suis humble et contrite parce qu'il ne veut rien d'autre qu'une petite partie fugace de ce que je suis. Je suis remplie de tristesse parce que je me connais trop bien. Si je pouvais l'avoir tout à moi, je ne le désirerais pas.

« C'est fini, dit-il. Tu n'iras plus voir cet homme. » Elle entendit le son rauque des sécrétions dans sa poitrine. Elle l'aimait. « Non, je ne le verrai plus. »

Elle tourna le visage vers son torse et contempla la nuit par-delà. Elle se sentait vide, stérile, mais en paix. Dans le jardin, une lueur vive éclata soudain et elle pensa : c'est une cigarette. Mais la lueur s'éleva et retomba parmi la végétation, puis elle prit la forme d'une perle, bleue, plus scintillante, son désir voyageant dans la nuit toujours plus haut, décrivant un large arc, s'élançant à travers le jardin dans d'épaisses frondaisons. Une luciole, pensa Mika. Et elle la regarda jusqu'à ce qu'elle eût disparu.

LEON ROOKE

La fille unique

Romancier, dramaturge et nouvelliste, Leon Rooke est né en 1934 en Caroline du Nord. Il a enseigné la création littéraire dans plusieurs universités américaines avant de s'installer à Victoria en 1969. Rooke a fait paraître une somme impressionnante de nouvelles dans les magazines littéraires canadiens et américains (il a reçu le Periodical Distributors First Prize for Magazine Fiction en 1986) et a publié depuis 1968 plus d'une quinzaine de romans et de recueils de nouvelles. Parmi ses romans, mentionnons *Cry Evil* (1980), *Fat Woman* (1980), qui obtint le Canada-Australia Literary Prize (1981), et dont une réédition en format de poche lui valut le English Language Paperback of the Year, *The Magician in Love* (1981), finaliste au Prix du Gouverneur général, *Shakespeare's Dog* (1983), qui lui valut le Prix du Gouverneur général en 1985, *A Good Baby* (1989), considéré autant par « la critique que par les lecteurs comme un brillant tour de force[1] » et qui obtint le North Carolina Award for Literature, et *The Happiness of Others* (1991). Parmi ses recueils de nouvelles, citons *The Broad Back of the Angel* (1977), *Death Suite* (1981), *The Birth Control King of Upper Volta* (1982), en nomination pour le Prix du Gouverneur général et qui a reçu le Books in Canada First Novel Award, *Sing Me No Love Song, I'll Say You No Prayers* (1984), *A Bolt of White Cloth* (1984), d'où est tirée la nouvelle « The Only Daughter », *How I Saved the Province* (1989), *Who Do You Love ?* (1992), *Oh !* (1997), *Who Goes There* (1998). Il a aussi reçu le Author's Award for the Short Story (1987), le Pushcart Prize (1988) et l'Okanagan Fiction Prize (1989). Avec l'écrivain John Metcalf il a édité deux recueils de nouvelles canadiennes pour Macmillan : *Best Canadian Short Stories (1981-1984)* et *The Macmillan Anthology (1989, 1999)*. Il a récemment publié *Muffins* (1995), une novella vendue avec son enregistrement sur vinyle.

---

1. Nancy Wigston, « Hit Single. Interview/Leon Rooke », dans *Books in Canada*, octobre 1995, vol. 24 n° 7, p. 6.

L e sentier sur lequel marchait l'enfant était long et droit, bordé par de hauts murs de terre rouge, au-dessus desquels elle pouvait voir par endroits. C'était plus une tranchée qu'une route, assez large peut-être pour que trois personnes y marchent côte à côte, peut-être assez large pour y laisser passer une charrette. Oui, pour une charrette, car elle voyait dans la boue glissante à quel endroit une charrette était passée, mais pas à quel moment elle était passée. Les murs étaient érodés par la pluie, et là où de grosses roches étaient enfoncées dans la boue, des broussailles, maintenant sans feuilles, tentaient vainement de renaître. Elle marchait principalement dans le centre du chemin, essayant d'éviter les grappes de flaques d'eau, parce que ses souliers étaient neufs, ou plutôt, assez neufs, et qu'elle éprouvait encore de la fierté à les porter. Des valises faisant la moitié de sa taille pendaient à chaque bras. Elle avait commencé la journée avec un ruban attaché en boucle dans les cheveux, mais plusieurs milles plus loin, le nœud s'était desserré sans qu'elle s'en rende compte et il se trouvait maintenant dans la boue. Elle portait, outre les souliers et une mince robe de coton, un manteau noir qui flottait inégalement sur ses talons. Un cerne de boue, qui allait s'élargissant, raidissait l'ourlet et semblait tirer le manteau vers le bas, décou-vrant de plus en plus les épaules. De temps à autre, elle le ramenait nerveusement. Un unique et gros bouton attachait le manteau ; le bouton voyageait sans cesse jusqu'à sa gorge ; ses talons se prenaient

sans cesse dans l'ourlet. Le manteau la drapait lâchement ; c'était un manteau d'adulte, qui gardait quelque
peu la forme de la personne qui le lui avait légué. Les
manches avaient été retournées deux fois aux poignets
de façon que ses mains puissent être libres. Le manteau avait déjà eu une ceinture ; elle aurait bien aimé
l'avoir maintenant.

De temps à autre, elle faisait une halte et prenait
soin de déposer les valises sur le sol sec ou sur des
souches, sur des bandes d'herbes dans le chemin, et
secouait ses bras jusqu'à ce qu'elle les sente de nouveau. Elle marchait sur ce chemin depuis la barre du
jour ; elle en avait parcouru un bout la veille. Maintenant le soleil, sans dispenser aucune chaleur, était directement au-dessus d'elle. Il bougeait lorsqu'elle
bougeait, au même rythme qu'elle, et s'arrêtait lorsqu'elle s'arrêtait. Mais elle ne regardait pas souvent le
soleil ou le ciel ; elle gardait les yeux sur la route et
sur ses pieds, car le chemin était jonché de roches et
de broussailles, troué de flaques d'eau brune aux cir-
conférences inégales, et des pierres massives y affleu-
raient ou faisaient bomber les murs. Parfois, quand le
terrain était plat, le bois empiétait sur le chemin jusqu'à ce que le sol disparût presque. Elle suivait, alors,
les traces de roues, passant sous le pin et le cèdre blanc,
sous le sapin-ciguë et le robinier aux feuilles tom-
bantes, sous le saule et sous de nombreux autres arbres
empoussiérés et immobiles. Lorsque la poussière rouge
se fit moins présente, des touffes d'herbes sauvages
apparurent, disputant le terrain à la mousse et au trèfle,
et là, elle s'arrêta plus longuement. Avec des feuilles
et des branchages, elle essuya les récentes couches de
boue sur ses chaussures. Ses pieds étaient mouillés et

froids, mais elle s'y était habituée et n'y accorda une pensée que lorsque des cailloux se furent glissés dans ses chaussures. Elle portait des bas de nylon de femme, qui glissaient aux chevilles. À l'origine, ils avaient été retenus par des élastiques juste au-dessus de ses genoux, mais les élastiques, déjà pourris, s'étaient cassés à d'innombrables reprises et ne tenaient plus. Elle mastiquait parfois l'un de ces élastiques, et continuait d'un pas de plus en plus traînant.

Elle se reposait plus souvent maintenant. Ses épaules élançaient. Ses jambes aussi étaient douloureuses, mais ses bras et ses mains étaient les pires, et pourtant ses pieds étaient douloureux aussi. Ses souliers étaient trop serrés. L'homme du magasin lui avait dit que le cuir s'étirerait, mais ça n'avait pas été le cas. Ce matin, ils avaient été raides et durcis, bien qu'ils aient été encore mouillés, et elle avait crevé une ampoule au talon en les mettant. Elle s'était mordu la lèvre et des larmes lui étaient venues, mais elle les avait tout de même portés. Elle avait trop froid pour ressentir quoi que ce soit de toute manière. Ses mains avaient des ampoules aussi. Elles étaient enflées un peu. Les poignées de la valise étaient tranchantes comme de petits rasoirs. Elle avait essayé d'enrouler des feuilles autour des poignées, mais elles s'étaient déchiquetées en un instant. Elles étaient glissantes aussi. Un liquide vert s'était infiltré dans ses coupures et la brûlait. Peut-être étaient-ce ses mains qui faisaient le plus mal. Elle avait pensé que c'étaient ses mains, mais elle avait transporté les valises encore quelques pieds et la douleur avait surgi de nouveau dans ses épaules. Elle avait faim, mais n'allait pas penser à ça. La douleur aux épaules était pire. Depuis la nuque en descendant, elle sentait des épingles et des aiguilles la piquer et sa nuque était raidie. Une nuque raide n'était rien pourtant. Elle pouvait faire avec. La douleur dans les épaules la fit gémir ; elle la fit grincer des dents. Mais après un moment, elle décida que c'étaient ses bras qui faisaient le plus mal, car les os en étaient étirés au point de se rompre. Rien ne pouvait faire plus mal. Mais elle ferait une pause, déposerait ses valises, balancerait ses bras et secouerait cette douleur. Elle ne pouvait sortir la douleur de ses épaules ; les épaules étaient les pires. Elle avait faim, mais n'allait pas penser à ça. Au diable la faim. Ce qui n'allait pas, c'était le bouton, qui grimpait sans cesse, rongeait la peau de sa gorge toujours au même endroit et finirait par la trouer. Peut-être que c'était ça le pire. Comme quelqu'un qui creuserait là avec un pic à glace ou qui pincerait au même endroit encore et encore. C'était cela qui rendait le plus dingue, parce que c'était une si petite chose. On ne croirait pas qu'un bouton lisse puisse être si coupant. Le même endroit, encore et encore, sa peau à vif. Comme ses talons. Ses talons étaient en sang. Ces bas étaient abîmés. Eh bien, ça ne la dérangeait pas ; elle en avait des tas d'autres. Peut-être une douzaine de paires. Elle avait un chapeau aussi, mais on n'avait pas besoin d'un chapeau ici. Porter un chapeau serait ridicule par ici. De la boue maculait son manteau, mais elle n'y pouvait rien. La boue, ça n'était rien, on pouvait la laver. Du moins, elle l'espérait. Cette robe qu'elle portait, on pouvait à coup sûr la laver. Elle l'avait elle-même lavée, et même repassée, il y avait de cela pas même trois jours. Ce n'était pas que quelqu'un le remarquerait maintenant. C'était de ses chaussures qu'elle se souciait le plus. C'étaient de belles chaussures. Si elle les abîmait, ce ne serait pas de chance parce qu'elle n'en avait pas d'autres paires. Mais comment pouvait-on abîmer du cuir de vache ? Les vaches se mouillaient, elles n'étaient pas abîmées ; pas de raison pour que ces chaussures le soient non plus. Elle avait faim, mais n'allait pas penser à ça. Penser ne faisait qu'empirer les choses. La nuit dernière, elle y avait pensé de toute manière, mais seulement pendant un moment. Puis elle avait dormi et pensé à ses maux. Au mal qui pourrait être le pire. C'était affreux, quel que soit le tour que prenaient ses pensées – mais elle n'allait pas pleurer pour ça, pas plus qu'elle ne s'assoirait dans ce chemin et n'abandonnerait. Elle n'allait pas marcher sur cette route éternellement ; le mal s'estomperait, les coupures et les ampoules guériraient. Elle avait été fatiguée aupa-ravant, mille fois. Elle avait eu faim aussi. Mais elle s'en était tirée. Elle s'en tirerait cette fois aussi. Alors elle se mordit la lèvre et laissa ses yeux devenir hu-mides comme ils le voulaient, en continuant pénible-ment de marcher. Elle y serait très bientôt. Ce chemin n'était pas une autoroute sans fin menant nulle part. Elle savait où il menait. Ses indications avaient été claires sur ce point. *Pars vite. Va le rejoindre. C'est là qu'il vit.*

Lorsqu'elle s'arrêtait maintenant elle s'étendait si cela était possible, refermait le gros manteau sur elle, et fermait les yeux. Elle somnolait. Mais chaque fois, après une minute ou deux, elle se levait d'un bond, comme saisie d'une crainte, et plongeait les deux mains dans les poches de son manteau. La poche gauche con-tenait un paquet encore intact de pastilles contre la toux aux cerises sauvages, et cinq ou six pinces à cheveux lorsqu'elles ne s'adonnaient pas à être dans ses cheveux. Dans la poche droite se trouvait un petit porte-monnaie dont le cuir était plein de cicatrices. Elle l'ouvrait, le vidait sur ses genoux et comptait son argent. Sa crainte était de le perdre ou qu'il soit volé d'une quelconque façon. Elle craignait les pickpockets même ici sur ce chemin peu fréquenté, car jadis, ailleurs, sa mère avait crié et pleuré parce qu'un pickpocket avait pris son argent. Elle se souvenait bien de cela. Elle se rappelait l'inquiétude de sa mère qui, à travers ses larmes, avait dit : « Comment pourrons-nous vivre ? Dis-moi comment nous allons nous en tirer maintenant ! » Elle se souvenait de l'inquiétude de sa mère, et de la sienne, mais pas de la façon dont elles s'en étaient tirées. Elle n'avait pas remarqué de différence dans la façon dont elles s'étaient débrouillées. Elles avaient déménagé, elle se souvient de cela. Sa mère avait été absente la plupart du temps. C'était à cause du pickpocket. Elle savait cela.

Elle avait en sa possession deux pièces de vingt-cinq cents, trois pièces de dix cents et quatre sous noirs. Hier, elle en avait eu plus, mais le conducteur de l'autobus avait pris son billet de un dollar. Il avait pris la pièce de cinquante cents aussi et avait semblé vouloir en prendre plus, mais elle avait mordu sa lèvre, surveillant chacun de ses gestes, et trente-neuf cents étaient miraculeusement retournés dans sa paume. « Comment je sais que tu triches pas ? avait-elle dit. Comment je sais combien ce voyage coûte ? – Tu sais pas », avait-il rétorqué. Une cigarette pendait de ses lèvres durant ce temps, et il avait des croûtes sur les mains et des poils noirs dans le nez. « Tu sais pas. Non, tu sais pas. Tu sais pas rien, je suppose. » Elle ne s'était pas montée en entendant cette raillerie. Elle avait gardé sa paume ouverte, tendue vers lui. « Tu veux que je l'embrasse ? dit-il. Tu veux peut-être aussi que je crache dedans ? » Elle retira sa main d'un coup, puisqu'il semblait bien qu'aucune pièce n'apparaîtrait plus. Elle mit la monnaie dans son porte-monnaie et son porte-monnaie dans son manteau et descendit l'allée avec ses valises d'un pas chancelant. Elle avait déposé les valises sur un siège au fond, là où il y a une grosse bosse ronde sur le plancher. Pour se reposer les pieds, supposa-t-elle. Elle grimpa sur les valises et s'assit près de la fenêtre, qui ne voulait pas ouvrir. « Tu vois ces porte-bagages-là, dit-il, ces porte-bagages-là, c'est pour les valises. T'as pas jamais voyagé avant ? » Il se tenait au-dessus d'elle, sa cigarette qui pendait, et la regardait d'un œil torve. Elle s'était jetée sur les valises. « Je les mets pas nulle part, dit-elle. Je laisserai pas mes possessions se faire voler. »

Il était parti.

Elle ne parla à personne pendant le voyage. L'autobus était presque vide. Un garçon à peine sorti des couches était assis devant elle et lui faisait des grimaces. Elle lui jeta un regard noir et ne desserra pas les lèvres. Une fois, il s'approcha d'elle et dit : « C'est pas ton autobus. J't'ai jamais vu dans c't' autobus-là avant. » Lorsqu'il retourna à son siège, sa mère lui asséna une gifle. C'était bien ce qu'il lui fallait. Elle aurait même dû lui donner une dizaine de taloches. Elle se pelotonna et commença une étude attentive et secrète de chaque pouce de l'intérieur. Un vent froid pénétrait par la fenêtre. Les pneus gémissaient. Les banquettes étaient dures et leurs dossiers aux angles droits se terminaient par une barre de métal en guise d'appui-tête. L'autobus avait un toit plat avec des bords arrondis. Le plancher n'était rien d'autre que de la tôle. Les banquettes n'étaient pas jaunies, tout de même, comme les chaises de la cuisinette qu'elle et sa mère avaient eues. Le paysage était en grande partie une masse confuse, et elle se dit qu'il ne valait pas la peine qu'on le regarde. La fenêtre était couverte de traînées, de toute façon.

Ça ne valait pas un sou de ce qu'elle avait payé.

Dans l'après-midi, et dès lors à plusieurs reprises, elle se mit dans l'allée pour rappeler à l'homme à la cigarette où elle voulait descendre ; puis elle se demanda à voix haute si on n'avait pas dépassé l'endroit.

« Personne m'a dit que c'était aussi loin, argua-t-elle.

– C'est vrai, rétorqua-t-il. T'es kidnappée. Et voici John Dillinger[2] lui-même au volant.

– Je me fous de qui vous êtes. Vous êtes mieux d'arrêter au croisement que j'vous ai dit.

– C'est pas un croisement, rétorqua-t-il, c'est presque rien. Juste une p'tite égratignure dans les bois. C'est tout ce que c'est.

– Que vous dites ! termina-t-elle.

– C't'autobus-là est chauffé. Si t'enlevais c'te gros manteau-là et que t'essayais de te relaxer ? »

Elle tenait sa main crispée sur le porte-monnaie dans sa poche en lui parlant. Elle n'avait aucune confiance en lui. C'était un de ces beaux parleurs, ceux dont sa mère lui avait dit de se méfier. Il avait l'air d'un maudit grand fou, avec sa barbe de plusieurs jours,

---

2. John Dillinger : gangster américain (1903-1934, Indiana – Chicago), surnommé « l'ennemi public n⁰ 1, » car il avait commis en 1933 de nombreuses attaques de banques avant d'être tué par le FBI.

sa cigarette qui pendouillait et ses yeux si plissés qu'elle se demandait comment il pouvait voir la route.

« Qui tu vas voir ? » demanda-t-il, mais elle ne desserra pas les lèvres et retourna à son siège.

S'il n'arrêtait pas où il le devait, elle ne savait pas ce qu'elle ferait. Elle se demanda ce qu'une bonne femme devait faire quand elle avait besoin d'aller aux toilettes. Le garçon du banc à l'avant reçut une taloche.

« Il va pleuvoir », dit quelqu'un.

Il y avait toujours quelqu'un pour dire ça. Ils avaient trouvé leurs cerveaux dans une boîte de Cracker Jacks.

L'homme qui était le plus près d'elle mangeait une pomme blanche. Elle avait jamais vu de pomme blanche avant, ça non. Ça la faisait presque vomir de le voir manger ça. Mais elle regarda chaque bouchée qu'il prit, et quand il l'eut rongée jusqu'aux pépins et au cœur, elle le vit jeter le trognon par terre. Elle mangerait jamais de pomme blanche, même si elle avait une faim de loup. Elle mangerait pas de navets non plus, ni d'épinards, ni de tripes de quoi que ce soit. Elle mangerait pas de couenne non plus.

Elle avait ses pastilles, mais elle les économisait.

Elle rongea ses ongles et continua sa veille ; elle ne sut pas à quel moment elle s'était endormie.

Au crépuscule, le conducteur arrêta l'autobus sur le bord de la route. Ce furent le cahotement de l'autobus et le gravier heurtant la carrosserie qui la réveillèrent. « Y a quelqu'un qui te rencontre, j'espère, dit-il. Je prends pas de responsabilité. Cette compagnie d'autobus-là en prend aucune. Y se passe des choses étranges dans ce bois-là. Des animaux sauvages aussi.

Non Mossieu, on m'verrait pas débarquer dans un bled perdu comme celui-là. Pas le soir, tout cas. »

Cela la mit en colère. Elle était fâchée parce qu'il lui avait fait peur et qu'elle savait qu'il le voyait.

« Je vois pas de croisement », dit-elle.

Il offrit de l'aider à descendre les valises, mais elle les agrippa fermement. Le garçon qui lui avait fait des grimaces dormait la bouche ouverte. Une crotte de nez lui pendait d'une narine et de la morve lui barbouillait la joue. La femme à ses côtés fumait et fixait le vide d'un air ennuyé. Elle n'avait pas de beaux bas comme ceux que sa mère avait portés. Elle ne portait pas de fard ou de rouge à lèvres non plus.

C'était une vraie cargaison de bêtas dans cet autobus.

Elle suivit le conducteur devant le véhicule. Il mit un pied sur le pare-chocs et appuya son coude sur un genou. Sa chemise était retroussée et elle vit sa peau nue et laide. L'air que les phares de l'autobus éclairaient était enfumé. Il dessinait de petites roues de charrette dans le faisceau des phares. « Le voilà », dit-il, en parlant du chemin.

Mais elle ne le vit pas.

« Y a pas rien, dit-elle. Vous m'avez laissée au mauvais endroit. » Elle voulait ravoir son argent mais ne le dit pas. Il pointait encore un index. « C'est là, répondit-il. Tu peux appeler ça un croisement jusqu'à ce que de l'or te sorte du derrière, mais c'est pas ça qui va changer quoi que ce soit. C'est ce petit chemin que tu vois là-bas à ras la souche. C'est pas rien de plus qu'un sentier de terre rouge et tu pourrais me botter le derrière jusqu'au Jugement dernier que j'saurais toujours pas où il mène. Y avait une maison, là, ou un magasin. J'ai jamais vu de circulation dans ce chemin-là. J'ai jamais vu personne y descendre avant. Que j'sache, y a pas âme qui vive au bout de ce chemin-là. Peut-être ben des écureuils et des lapins, peut-être ben des serpents, si y ont une âme. J'espère que t'as l'intention de rester longtemps, parce que tu seras pas en état de repartir si jamais tu finis par arriver là où tu veux aller. Y va bientôt faire nuit noire. Ça m'a l'air que t'as choisi l'mauvais moment pour faire ta visite. Mais c'est la route que t'as demandée. C'est le chemin de l'Araignée. Si tu veux mon avis, tu vas bientôt souhaiter être restée où t'étais. »

C'était une grande gueule. Elle le lui aurait bien dit, mais il se débattait pour lui arracher ses valises. Il les lui retira des mains d'un coup, traversa l'autoroute avec et les laissa retomber bruyamment de l'autre côté. Elle voyait le chemin maintenant. Des plantes grimpantes en camouflaient l'entrée. Elle ne voyait toujours pas de souche.

« T'es rendue, dit-il. À votre service, madame. Je repasse demain à la première heure, si tu veux t'en retourner, mais y faut que tu me fasses signe. Le billet coûte le même prix, aller ou retour. »

Elle reprit ses valises et commença à s'éloigner.

« T'es une bêcheuse, ajouta-t-il, en lançant son mégot allumé dans le fossé, mais je t'en veux pas. J'suppose que t'as jamais eu personne pour te montrer les bonnes manières. »

Elle le traita de fils de pute entre ses dents, les yeux en fentes, avec l'expression même que sa mère aurait eue.

Il retourna à son siège d'un pas nonchalant. Deux ou trois visages collés aux fenêtres graisseuses l'observaient silencieusement. Elle entendit le type embrayer. Gémissant, ses deux phares découpant l'obscurité, l'autobus avança et disparut après le tournant d'interminables secondes plus tard, ses quatre clignotants toujours en marche.

Elle ne croyait pas que c'était le bon endroit. Le croisement, c'était l'endroit qu'on lui avait dit de surveiller. Mais sur l'écriteau pourri à la base que des broussailles inclinaient, les bons mots avaient été barbouillés, quoique la peinture fût maintenant pâlie. *Le chemin de l'Araignée. Tu suis le chemin de l'Araignée jusqu'à ce que tu tombes de fatigue. Quand ça t'arrivera, je suppose que tu seras assez près.*

– Mais je veux pas y aller.

– « Veux » a plus rien à se mettre sur le dos. « Veux » est tombé raide mort. J'peux plus prendre soin de toi. « Prendre soin » a eu le dessus sur moi. Vat'en.

– Oui m'dame.

– Pars-tu ?

– Oui m'dame.

– Alors tire les couvertures et laisse-moi dormir. Borde-moi.

– Oui m'dame. »

Elle avait passé la nuit sur des aiguilles de pin dans un creux à une centaine de pieds du chemin, se camouflant sous des branches brisées, le manteau tiré pardessus la tête, le porte-monnaie dans un poing ramassé sous son menton. Elle mastiqua l'écorce amère du pin et en avala à une ou deux reprises. Son estomac se souleva. C'était comme quelqu'un à l'intérieur qui essayait sans cesse de lui parler, qui refusait de se taire.

*Je peux pas te laisser dormir avec moi. Tu don-
nerais des coups de pieds. C'est pas vrai ?*

– *Oui m'dame.*

– *Assis-toi là un peu. Prends ma main.*

– *Je la prends, maman. Reposez-vous maintenant.*

À la fin de l'après-midi du deuxième jour, elle
parvint à un petit ruisseau et le traversa, ses chaussures
à la main, son manteau soulevé et retroussé à la taille.
Puis elle revint, et repassa à gué le cours d'eau, l'une
des valises dans un équilibre périlleux sur sa tête. Le
fond boueux suçait ses pieds. Une pellicule verte et
visqueuse recouvrait les roches ; elle essaya de les éviter. L'eau devenait d'un brun opaque là où elle avait
marché. Elle dégoulinait poliment sur les pierres ; un
peu plus loin, un arbre rachitique était tombé, et les
petites branches et les feuilles s'y accrochaient, formant un triste barrage que le courant contournait agi-
lement. Il n'y avait pas de castors ici. Les castors
avaient assez de bon sens pour ne pas se retrouver dans
un endroit aussi misérable. Le bois était dense et brous-
sailleux. Des plantes grimpantes recouvraient les arbres
et pendaient, immobiles, comme des rideaux en loques.
Le sol était ombragé, criblé de petits trous, remplis d'un
pouce ou deux d'eau, et le ruisseau était sombre aussi,
d'une couleur ambrée. Elle réussit à traverser la seconde valise, mais elle faillit la perdre une fois en glis-
sant. Elle lâcha le bas du manteau, qu'elle avait
retroussé à la taille ; il était maintenant mouillé jusqu'à
la hauteur des genoux. Comme elle allait le reprendre,
sa manche se déroula et tomba aussi dans l'eau. Au
bord du ruisseau, elle enleva le manteau et le tordit pour
exprimer ce qu'elle put d'eau. Puis elle le remit. Il était
plus lourd maintenant. La manche était froide et

trempée contre son poignet. Elle frissonna et resta un moment recroquevillée.

De la boue filtra entre ses orteils. Elle s'agenouilla au bord du ruisseau et laissa l'eau fraîche couler sur ses pieds. Elle glissa ses mains dans l'onde, s'étonnant de ce que le courant plutôt lent veuille les emporter. Son estomac gargouillait. Des étourdissements la saisirent et elle sut qu'elle devrait manger quelque chose très bientôt. Elle aurait dû dépenser un peu de son argent pour des fèves au lard ou de la viande en boîte, mais elle avait été incapable de s'en défaire. Les prix à eux seuls suffisaient à vous lever le cœur.

Elle songea aux pastilles pour la gorge dans sa poche. C'était une sorte de nourriture, et pourtant elle s'abstint d'en prendre. Elle-même n'aurait jamais dépensé d'argent pour ces pastilles. Elles avaient été dans le sac à main de sa maman, avec les pinces à cheveux et des papiers-mouchoirs froissés, avec le peigne et le minuscule miroir dans un étui pliant. Le portefeuille contenait alors deux dollars, en plus de la monnaie. Il contenait aussi ses pilules, dans une toute petite bouteille brune – il n'en restait que six. Autant de gaspillées. Elle avait essayé de les revendre au pharmacien du coin, qui avait ri d'elle. « Comment est-ce que je sais que tu les as pas frelatées ? Comment est-ce que je sais dans quel foutu endroit elles sont passées ? » avait-il rétorqué. Elle avait insisté, mais il n'avait pas fléchi d'un pouce. Le grippe-sou. Oui, vous payiez une bonne somme pour une chose, ça vous coûtait les yeux de la tête, mais lorsque vous essayiez de la revendre à ces démons, vous découvriez que ça ne valait rien. Ces pilules n'avaient pas aidé sa maman. C'est elle-même qui l'avait dit un million de fois.

Mais on ne savait jamais. Les pilules étaient à nouveau dans le sac à main – d'un noir soyeux – de sa maman, et le sac à main, dans la valise. Si jamais elle se sentait à plat comme sa mère s'était sentie, peut-être qu'elle les prendrait aussi. Peut-être qu'elles la ragaillardiraient.

Elle examina ses pieds dans le courant et se demanda si elle ne devrait pas laver ses bas maintenant. Ils étaient ravalés sur ses chevilles. Elle les remonta. Ils étaient maculés de boue et raides, rien que du boudin là où ses talons avaient saigné. Ils avaient des millions de fils tirés et de mailles filées. Mais ça ne valait pas la peine maintenant d'ouvrir la valise et d'en sortir une autre paire. Dans dix minutes, ils seraient pires que ceux-ci. Il valait mieux attendre qu'elle arrive là où elle allait.

Elle mit ses mains en coupe dans l'eau et but. L'eau lui filait entre les doigts et dégoulinait le long de son menton. Elle était fraîche mais goûtait la fumée pour une raison ou pour une autre. Elle goûtait le brûlé. Elle n'avait pas la propreté étincelante de l'eau de la ville. Impossible de dire quels animaux y avaient laissé tomber leurs crottes. Oh, mais elle était si fraîche. Elle essuya ses mains mouillées sur son visage, sa nuque et sa gorge, car elle était en sueur d'avoir transporté ses valises. Oh, comme ça faisait du bien. Ça serait agréable de plonger sa tête sous l'eau. Mais l'eau brûlait ses ampoules ; elle enflammait ses plaies. Elle grimaça, pensant que c'était peut-être la pire douleur. Mais ça ne l'était pas. La pire douleur était bien passée maintenant, même celle de l'estomac, où l'eau qu'elle avait bue pesait comme une enclume.

Elle pensa sérieusement à la possibilité d'enlever ses vêtements et de baigner tout son corps ; ça pouvait comporter des avantages. Ça faisait pas de mal, disait sa maman, d'être propre. Mais il y avait du piquant dans l'air. Elle ne voulait pas finir par tousser et par gémir comme sa maman l'avait fait. Sa maman avait eu une odeur. Elle avait passé la débarbouillette partout sur sa maman et appliqué en tapotant du talc rose, mais un peu plus tard, l'odeur était revenue. Une odeur un peu comme celle d'une planche à repasser chaude. Sa peau était foncée aussi, comme la housse sur laquelle on repassait. Mais sa maman ne l'avait pas sentie. Elle disait : « Non, non, ouvre pas la fenêtre. Laisse-moi au moins me reposer en paix. »

Des vairons nageaient à ses pieds. Ils partaient comme des flèches, puis s'arrêtaient net, puis s'élançaient de nouveau. Ils n'accordaient presque plus d'attention maintenant à ses orteils frétillants. Elle leva les bras et renifla ses aisselles comme elle avait parfois vu sa maman le faire. Elle sentait rien. Elle avait pas besoin d'un bain. Se baigner ici nue, en plein air, serait presque de la folie. Avant qu'elle le sache quelqu'un passerait au-dessus d'elle en aéroplane. Ou un voleur viendrait. De toute manière, elle ne s'était jamais, de toute sa vie, baignée en plein soleil. Le bain était réservé au soir ; comme ça, on pouvait se coucher bien lavée et rêver de belles images et se réveiller le matin propre comme un sou neuf.

Elle regarda d'un mauvais œil les valises. Elles étaient devenues si lourdes. Tout ce qu'il me reste dans la vie, pensa-t-elle. Mes choses pèsent plus lourd que moi. Elle se demanda si peut-être elle ne pouvait pas alléger sa charge, peut-être en cacher un peu là. Peut-être sortir les plus belles choses d'une valise et les fourrer dans l'autre, et partir avec. Elle sortit à grandes enjambées du ruisseau, cherchant le bon endroit. Peut-être là-bas, près de la souche pourrie. Elle n'avait jamais vu d'endroit où il y avait autant de souches, ou autant de pourriture. Quelques-unes étaient noires comme si un feu était passé par là. À une époque très très lointaine, probablement avant qu'elle naisse. Probablement avant que sa maman soit née aussi. Avant que quiconque soit. Avant qu'il y ait ce semblant de chemin ou même des araignées d'après lesquelles le nommer. Il y avait probablement des millions d'années.

Elle ne voyait pas de traces de roues et se sentit un instant alarmée. S'était-elle éloignée du chemin principal sans s'en rendre compte ? Les traces étaient devenues une présence pour elle. Mais non, elles étaient là, elles avaient tout le temps été là. Quatre roues allant dans une direction, quatre dans l'autre. On le voyait à la façon dont les sabots du cheval – si c'était un cheval ; c'était peut-être une mule – avaient laissé leurs empreintes dans le sol. Les empreintes de celui qui s'en allait étaient plus profondes ; le cheval avait transporté quelque chose. Elle se demanda qui conduisait la charrette. Se demanda si peut-être ce n'était pas lui. *Lui*, oui, mais elle ne dirait pas son nom. Cela l'effrayait même de penser à lui. Que dirait-il lorsqu'il la verrait ? La chasserait-il à coups de bâtons ? « Ne le laisse pas faire, avait dit sa maman. Tu lui tiens bien tête. Traite-le de chacal tout cru, si c'est ce qu'il est devenu. »

Elle s'agenouilla au-dessus de la valise avant de l'ouvrir ; elle se mit à l'écoute, retenant sa respiration. Au loin, elle vit un oiseau. Il y en avait un autre dans un gros arbre. Étrange qu'elle ne l'ait pas vu avant. Mais elle ne l'avait pas vu, et peut-être que cela signifiait qu'il y avait un tas de choses qu'elle n'avait pas remarquées. Des voyeurs. Peut-être qu'en cette minute même, il y avait quelqu'un qui l'épiait dans les fourrés. Peut-être lui. Ah sapristi, non. C'était insensé. Il lui semblait plutôt qu'il n'y avait personne à des millions de milles à la ronde. Personne ne savait si elle était morte ou vive.

Tout était si calme. Calme et presque mort. Elle aurait de la difficulté à s'habituer à un endroit tranquille comme celui-ci. Même le lit du ruisseau semblait le ressentir ; ses gargouillis étaient comme de petits chuchotements sur les roches.

« Ça va m'éprouver jusqu'à la moelle », dit-elle tout haut, juste pour donner une voix à l'endroit. « Je sais pas si je peux. » Sa voix tremblait. Elle rit d'elle-même.

Elle traîna les deux valises jusqu'au fourré qui bordait le chemin. Elle travaillait consciencieusement et rapidement, sélectionnant les vêtements, échangeant les articles contenus dans l'une pour des articles de l'autre. Les pompes à talons hauts de sa maman la retardèrent un peu. Elle approcha le cuir souple de sa joue ; elle avait les yeux fermés. Fermés et mouillés. Sa maman avait aimé ces pompes. Elle les avait à peine portées ; elle les aimait à ce point. Il y avait une douzaine de souvenirs limpides de sa maman dans ces chaussures. Sa maman avait de si belles jambes. Des chevilles fines comme ses poignets et des hanches ravissantes comme celles d'une dame au théâtre. Votre cœur battait la chamade lorsque vous voyiez maman dans ces pompes. Vous auriez cru voir les têtes se décrocher de leurs cous lorsque maman passait. « Ah, maudite maman, dit-elle, ah, maudite maman. » Elle essuya ses yeux avec la manche du manteau et jeta un regard amer sur ces talons hauts. Sa maman les avait d'abord achetés pour la danse : *J'avais besoin de nouvelles pompes pour aller avec ma robe. Tu les aimes ? Ça ne t'embête pas que je te laisse seule ? Tu te mets au lit tôt et je te promets que je te raconterai tout quand je reviendrai.* Sa maman avait dansé avec ces chaussures, mais seulement cette fois-là. Elles avaient à peine été portées ; pas une seule éraflure. Elle vit sa maman devant le long miroir, tournant, jetant un coup d'œil à sa jambe levée. *Sont-elles droites, chérie ? Mes coutures ? Est-ce qu'ils sont pas jolis, mes bas, avec ces nouvelles pompes ? Est-ce que je suis assez jolie, tu crois, pour être vue dans ce monde ? Tu peux venir avec nous si tu veux. Ça embêtera pas Monty.*

Elle se mordit les lèvres, se dit d'arrêter cela. « Arrête ça, dit-elle. Arrête ce pleurnichage d'enfant retardée. Tu cesses ça tout de suite. »

Elle emporterait les pompes. On ne savait jamais. Elle avait pris le miroir en argent aussi, et la boîte de bijoux. Elle avait pris les photos encadrées d'elle-même et de sa maman. Pris les écharpes fines. Les gants blancs qui lui montaient au coude. Dans ces gants, qu'est-ce que maman était magnifique !

Elle poussa sur le couvercle et après un effort réussit à fermer la valise, qui était pleine à craquer. Elle ne pouvait pas la lever. Oh, lourde, trop lourde. Elle se tint droite, hurlant en silence sous le poids. Elle donna un coup de pied furieux au sol et essaya de nouveau. Elle tira de toutes ses forces, la prenant à deux mains, la langue entre les dents, et en louchant réussit à la soulever d'un pouce ou deux du sol. Impossible. Comment est-ce que deux ou trois choses pouvaient peser autant ? « Ça me dépasse, dit-elle. Je donne ma langue au chat. » Sa tentative l'avait étourdie. Son pouls s'affolait. Elle sentit son visage s'empourprer et s'assit à moitié, culbutant à moitié. Ses genoux s'entrechoquaient. Elle se laissa tomber la tête entre les jambes et regarda le sol onduler. Le goût de la bile grimpait à toute vitesse dans sa gorge. Elle ne pouvait arrêter le chevrotement de ses jambes. Sa vue s'embrouillait. Son visage était chaud et elle posa une main sur ses yeux, en pensant : « J'ai ce que maman avait. J'ai une fièvre à tout casser. » La tête lui tournait. Est-ce que c'était comme ça que maman s'était sentie ? Son pouls s'excitait, elle l'entendait pom-pom pom-pom. Hier ? Était-ce hier matin qu'elle avait mangé les dernières miettes dans la glacière ? Qu'elle avait vidé la bouteille de lait qui avait tourné ? Glouglou. Elle avait pris des biscuits soda et la trace de beurre d'arachide qui restait dans le pot. Elle voyait cette image distinctement, le pot vide, mais pas à quel endroit la scène s'était passée. Elle voyait l'homme à la cigarette pendante et les quatre phares de l'autobus clignotant dans l'obscurité. Elle voyait la pomme blanche que l'homme de l'autre côté de l'allée mangeait, et dans sa faim, elle l'avait presque attrapée. L'avait certainement attrapée, ou quelque chose d'autre parce qu'une seconde plus tard, la pomme s'éloigna en tournoyant, et l'autobus aussi, cependant qu'elle voyait, la tête penchée entre ses jambes, sa propre main grattant sauvagement la terre. Ça y est, j'ai perdu la boule, pensa-t-elle, comme cette sœur que mon père avait. Mon yo-yo s'est déroulé. Avait-elle si faim qu'elle mangerait maintenant de la terre ? Elle se rappelait à moitié une époque où elle en mangeait. Bébé, elle en avait mangé. C'est ce que sa maman avait dit. « Toi et la terre ! Tu te serais fourré des bestioles frétillantes entre les mâchoires si je ne t'en avais pas empêchée ! – Où était-il, lui, alors ? – Lui, ton papa ? Il était parti depuis longtemps. Ou c'est moi qui l'étais. Il aurait fallu me passer le collier, comme à un chien, pour me garder là-bas. – De quoi il a l'air ? Est-ce que tu l'as jamais revu ? – Oh, une fois ou deux. Il revenait de temps à autre. Mais nos sentiments l'un pour l'autre étaient morts et enterrés depuis. Je ne le connaissais ni d'Ève ni d'Adam et le désirais moins. – Est-ce qu'il m'reconnaîtrait ? – Te reconnaîtrait ? Eh bien, peut-être que si. Quand vous pleurez, quand vous désirez vraiment quelque chose et que vous ne pouvez pas l'obtenir, vous avez tous les deux un regard misérable de chien battu. Je suppose qu'il reconnaîtrait cet air chez toi. »

Elle était satisfaite de l'ordre qu'elle avait mis dans ses valises. La valise qu'elle laisserait derrière elle, elle la transporta à travers les bois, traversant un marais sauvage au bord d'un vaste champ raviné, à l'abandon. Elle jeta des ronces par-dessus la cache. La valise y avait l'air à l'abri. Elle fit le tour de l'endroit, l'examinant sous tous les angles, et se déclara satisfaite. « Faudrait un regard d'aigle pour la trouver, dit-elle. De toute façon, j'ai pas l'intention de la laisser ici longtemps. »

Quelque chose lui piquait la cheville. En jetant un coup d'œil, elle laissa échapper un cri. Une tique noire avait enfoui son nez dans sa chair. Elle l'enleva, puis en retira une autre d'entre ses orteils et les frotta dans la terre pour effacer la sensation de piqûre. Elle sentit quelque chose qui grimpait doucement sur son cou, qui la chatouillait, alors elle tournoya furieusement, resserrant ses doigts sur l'endroit. Un instant plus tard, elle se grattait partout, se frayant tant bien que mal un passage à travers le marais, sentant des tiques sur tout son corps. C'étaient de petits laiderons noirs qui en se détachant emportaient les bouts de peau blanche sur lesquels ils s'étaient accrochés. Un couple de cailles effrayées s'envola dans un soudain fouillis d'ailes ébouriffées. Un instant plus tard, d'autres groupes de cailles s'envolèrent de touffes d'herbes et d'un fourré voisins et fendirent le ciel d'un arc souple. Elles décrivirent des cercles haut dans le ciel et disparurent. Une corneille croassa quelque part. Elle entendit le brinquebalement de quelque chose d'autre aussi, inégal et distant, un écho, peut-être, et resta plantée comme un piquet, les mains en cornet. Le bruit revint, un roulement cette fois. Elle se précipita hors du marais, zigzaguant pour en sortir, son long manteau retroussé qui claquait. Elle se jeta vite dans une touffe d'herbes hautes. Le bruit semblait être celui d'une charrette. Quelqu'un qui arrivait peut-être. « Merde, gémit-elle, je suis pas encore prête. »

Pendant un long moment, à plat ventre dans les herbes, la tête relevée, elle ne bougea pas mais resta en alerte, attentive au moindre son, les muscles tendus, la respiration rapide et peu profonde. Et si c'était lui ? se demanda-t-elle. Et s'il voit ma valise au bord du chemin ? Et si elle est volée, ou qu'il a un fusil et me tue ? Elle considéra se relever d'un bond, courir jusqu'au chemin et lancer sa valise dans les broussailles. Mais elle ne pouvait pas en prendre le risque. Elle ne voulait pas le rencontrer comme ça, pas dans les bois avec cet air de rat qu'elle avait. Elle le rencontrerait, le devait, mais pas comme ça, comme quelque enfant abandonnée et sans cervelle se cachant dans les bois, ignorante comme une carpe.

Aucun son ne lui parvint plus. Le calme avait gagné l'endroit. « Y a pas rien, chuchota-t-elle enfin, j'ai imaginé ce bruit. » Enfin, elle se releva, dépoussiéra ses vêtements, examina ses jambes et ses bras à la recherche de tiques, et retourna à la course au chemin.

Rien n'avait changé. Sa valise et le ruisseau gazouillant étaient toujours là. Rien qui s'en allait ou s'en revenait sur le chemin. J'ai rêvé cette charrette, pensa-t-elle. C'est certainement ça. Pour se calmer, elle plongea ses pieds nus dans l'eau froide du ruisseau. Sa maman lui avait dit comment procéder : « Tu te rends directement à sa porte. Tu gardes la tête bien haute, aussi ; je ne veux pas qu'il pense que je n'ai pas su t'élever. Tu prends garde aux chiens ; il en aura. Tu frappes et lorsqu'il arrive, tu lui dis qui tu es. Tu lui dis ce qui est arrivé ici. Ce qu'il m'est arrivé. Tu lui dis que c'est à son tour maintenant. » Elle avait laissé entendre que c'était si facile, sa maman. Mais elle lui avait pas dit que ça prendrait des jours et des jours et un million de milles pour s'y rendre. Elle avait rien dit sur la rapidité avec laquelle un estomac plein se collait à la colonne vertébrale. Il lui faudrait manger quelque chose bientôt ; elle ne pouvait pas continuer comme ça.

Elle regarda l'eau paisible à ses pieds. Du sable blanc s'était accumulé à cet endroit précis. L'onde était transparente et engourdissait ses jambes. Ses jambes avaient l'air coupées, comme si elles ne lui appartenaient pas. Elle plia et déplia ses orteils, grimaçant sous les courants glacials. « Et si y veut pas de moi ? se demanda-t-elle. Qu'est-ce qui se passera si y dit que j'peux bien aller pourrir en enfer ? » Sa maman n'avait pas apporté de réponse à cela. Sa maman, la pauvre, avait gémi et toussé et dormi.

Des vairons nageaient paresseusement à ses pieds et prenaient des reflets argentins sous la lumière. Son corps jeta une ombre en zigzag lorsqu'elle pencha son visage près de la surface. Un vairon était un poisson. Une personne pouvait manger un poisson. Les poissons changèrent de direction et s'éloignèrent lorsqu'elle descendit sa main dans l'eau. Puis ils se rassemblèrent pour dériver solennellement entre ses doigts et ses jambes. Son estomac émit des grognements ; sa bouche se mouilla. Elle considéra que des gens avaient mangé pire. Des bébés rongeaient la peinture de leurs berceaux et n'en mouraient pas toujours. Aux petites vues, assise près de sa maman, elle avait regardé des gens chic manger des cuisses de grenouille. Ce serait pas mal pire. Un jour, sa propre maman avait fait cuire ce qu'elle appelait de la cervelle et lui avait fait goûter. Elle ne supposait pas que des vairons puissent la tuer.

Elle mit ses mains en coupe et les souleva on ne peut plus doucement. La plupart des vairons glissèrent de ses mains. Le peu qui restaient emprisonnés dans ses mains agitaient leurs queues à mesure que l'eau gouttait entre ses doigts ; puis ils restaient étendus, plats et immobiles contre sa peau, et avaient l'air beaucoup plus petits que dans l'eau.

Les yeux fermés, grimaçant, elle lécha ses paumes jusqu'à ce qu'elles soient vides. Elle avala sans mâcher et s'imagina les sentir frétiller çà et là à l'intérieur de son estomac vide.

Elle se préparait à en pêcher d'autres lorsqu'elle entendit soudain des vibrations de sabots sur le sol, un grincement de roues de charrette. Elle retint sa respiration et, avec un cri rauque, sortit d'un bond de l'eau. Elle ramassa sa valise, la balança et culbuta derrière le dense fourré bordant le chemin.

Une charrette fut en vue, vide et brinquebalante, tirée par une mule qui marchait la tête basse en la balançant de gauche à droite. La mule, couleur de poussière, était vieille et fatiguée ; elle avait les genoux pelés ; du pus s'écoulait de ses yeux et, comme l'animal s'approchait, elle put voir des mouches grouillant dans ses yeux infectés. L'animal mâchait le mors et agitait sa queue.

Au ruisseau, la mule s'arrêta et but à grand bruit et une fois ou deux releva brusquement la tête pour regarder autour. L'une de ses oreilles n'était pas relevée.

Lorsqu'elle eut fini de boire, elle fit demi-tour à pas lourds et retourna dans les traces de ses pas, déviant de sa trajectoire, tordant le cou pour grignoter des herbes hautes.

« Eh bien, Buddyroll ? » dit l'homme.

Il avait une voix murmurante et douce.

L'homme était debout dans la charrette, les rênes attachées à une main dont le pouce était rentré dans la ceinture. Il jetait un regard négligent sur le cours d'eau, apparemment satisfait de laisser l'animal flâner et brouter. Était-ce lui ? Elle ne le croyait pas. Sa maman avait dit qu'il était d'une bonne taille, qu'il était mince et assez beau garçon. Il avait une certaine lueur dans les yeux qui donnait la chair de poule à une femme. Il aurait l'air de quelqu'un qui vous laissait voir qu'il avait bien l'intention d'obtenir ce qu'il désirait et que vous n'y auriez aucune objection. « Cet homme me chuchotait des choses à l'oreille que j'emporterai dans ma tombe, avait dit sa maman. Je pense parfois à ce qu'il m'a dit, et j'ai encore les cheveux qui se dressent sur la tête. Il pourrait faire sortir les yeux d'une momie de leurs orbites. » Maman avait dû blaguer parce que ce type valait rien. C'était le dernier des derniers riens. Il avait un gros bedon gras et des bras musclés tout trapus. Il portait un feutre graisseux et froissé repoussé sur le derrière de sa tête. On voyait l'endroit où la bordure avait protégé son front ; le soleil avait brûlé son nez et laissé des plaques rouges partout sur son visage. C'était un visage laid. Il avait une brindille à la bouche, qu'il faisait glisser d'un côté à l'autre. Il avait des mâchoires fortes, des oreilles charnues et un cou épais, veineux. Ses petits yeux de cochon brillaient. Non c'était pas lui. Ça pouvait pas être lui. Maman avait pas une mémoire d'éléphant.

Elle le vit déboutonner son pantalon et sortir sa chose. Sa pisse décrivit une longue courbe jusqu'au ruisseau. Il avait de grosses mains calleuses, brûlées par le soleil, comme ses bras, et un nez rouge, mais sa fouine était chétive et blanche. Ça ne ressemblait à rien de ce qu'un être humain pourrait vouloir. Il aurait mieux fait de ne pas pisser du tout que de montrer cette chose. Il la secoua, fléchit les genoux et la fourra à l'intérieur. Lui ? L'idée était si saugrenue qu'elle faillit rire tout haut. Il n'aurait pas le génie de battre une blatte. La possibilité d'une ressemblance était carrément dégoûtante. Sa maman ne se serait jamais pelotonnée contre rien de semblable.

Il murmura quelque chose à la mule, qui se retourna et lui jeta un regard froid. Il sauta de la charrette et enleva le mors de la bouche de l'animal. La mule fit onduler sa croupe et se remit à manger. Elle déracina une haute touffe d'herbes et la mangea, s'arrêtant aux racines terreuses. Elle secoua alors la terre contre un genou dégarni, puis mangea les racines. L'homme était agenouillé près du ruisseau, passant la main dans l'eau. Il tira un mouchoir de sa poche et le mouilla puis le passa sur sa nuque et sa gorge. Il trempa encore le mouchoir dans l'eau et s'approcha de la mule, qui avait une plaie béante sur le haut d'une de ses jambes arrière. L'homme la nettoya. La mule lui envoya sa queue dans le visage une fois ou deux, puis fit onduler son pelage encore une fois, et l'homme lui dit encore quelque chose.

Cela ressemblait à *Buddyroll, arrête.*

L'homme remit le mors dans la bouche de l'animal et sauta dans la charrette. Il donna un petit coup aux rênes et, mollement, la mule répondit. Le chariot se remit en marche en brinquebalant. L'homme enleva son chapeau lorsqu'ils traversèrent le petit cours d'eau et le claqua contre sa jambe. De la poussière s'envola. Le ruban du chapeau avait tracé une ligne sur son front, y laissant une bande de peau blanche. Blanche et parsemée de taches de son. Il n'avait pas beaucoup de cheveux et ceux qu'il avait étaient plutôt roux. Elle sentit la chaleur lui monter au visage en le remarquant. Ses cheveux roux, s'il fallait en croire maman, c'était de lui qu'elle les tenait. Il était la raison de ses taches de rousseur, aussi.

Il semblait sourire en regardant quelque chose pendant que la charrette grinçait, un sourire à peine esquissé sur son visage, comme s'il ne savait pas qu'il souriait.

Son estomac gargouilla. Elle se déplaça dans sa cachette, pilonnant son estomac avec son poing pour en calmer le vide.

« Maudit fils de pute, dit-elle, si c'est mon père, je le réclame pas. »

Devant, la route descendait et tournait ; puis elle continuait sur un terrain plus élevé. Un peu plus loin, sur la route, elle vit la charrette tourner dans une cour au sol sillonné d'ornières.

Il descendit le sentier, passa devant la porte ouverte d'une clôture derrière la maison et se dirigea vers une grange tout de travers, patinée par les intempéries.

La maison était comme sa maman avait dit qu'elle serait.

Un porche spacieux s'étirait sur la pleine largeur des deux chambres du devant. Il s'y trouvait deux vieilles chaises à fond de paille, inclinées vers le mur, et une balançoire de bois avec des chaînes qui, sauf en été, la propulsaient jusqu'au plafond. Deux fenêtres faisaient face au chemin et, entre les deux, une porte en pin tout de guingois, la moustiquaire en partie ouverte. Derrière les chambres de façade, il avait ajouté un couloir et deux autres chambres. Il avait vécu là – c'est ce que sa maman avait dit – avec une sœur malade qui ne supportait pas la présence d'une autre femme dans la maison. Mais la sœur était décédée, avait dit sa maman. Elle était morte de folie, sinon d'ennui. Un vieux sycomore, avec son labyrinthe de gracieux rameaux, ombrageait une partie de la cour. Une souche de l'autre côté témoignait de l'emplacement d'un autre sycomore. Une cheminée de pierre montait à l'angle de la maison, et une girouette tordue terminée par un coq gardait le toit de la maison. Elle vit qu'il avait rapiécé le toit de tôle avec des boîtes de conserve aplaties. Il avait posé un nouveau châssis récemment.

L'endroit était éclairé maintenant ; il n'y avait pas l'électricité à l'époque de sa maman.

Elle allait monter sur le porche et jeter un coup d'œil furtif à la fenêtre lorsqu'elle l'entendit venir. Il sifflait. Elle se pencha très bas dans les herbes, revint au chemin et prit ses jambes à son cou. Pendant le reste de la journée, elle explora les environs, évitant les clairières et demeurant à bonne distance de la maison. Dans l'après-midi, elle rampa jusqu'à un enchevêtrement de plantes grimpantes et dormit, tirant le manteau noir sur sa tête. Il lui sembla avoir dormi longtemps, mais lorsqu'elle se frotta les yeux en se réveillant, le même oiseau était là, posé sur la même haute branche, mais il était devenu silencieux et lissait ses plumes. C'était si délicieusement tranquille ici que même les oiseaux l'avaient senti. Vous ne pouviez presque pas respirer parce que la terre semblait vouloir absorber l'air comme le pain absorbe la sauce dans une assiette. Son corps la démangeait partout. Sa peau était couverte de piqûres, d'égratignures et de zébrures. Des ecchymoses de la tête aux pieds. Elle enleva ses chaussures pour retirer les épines de la plante de ses pieds. Ses pieds étaient noirs et quelque peu enflés. On ne pouvait même plus voir où avaient été les ampoules ; la chair était à vif maintenant. Elle enleva les bas, grinçant des dents et grimaçant en les décollant des croûtes de sang séché sur ses talons. C'était la pire des douleurs, ces talons. Ces pieds. Ces égratignures et ces coupures et le fait d'être coincée ici. Une fois debout, elle se sentit étourdie et dut s'asseoir de nouveau. Sa tête tournait. J'ai ce que maman avait, songea-t-elle. Je vais dépérir dans ces bois impossibles et y creuser ma fosse. Elle retira une tique noire de son cuir chevelu et l'écrasa entre ses pouces. Quand maman était descendue en terre, elle avait voulu y descendre avec elle. Elle avait voulu être enfermée avec elle et avoir le couvercle refermé sur elles. Ils avaient dit non, non, tu ne peux pas, mais il lui semblait que cela lui était arrivé de toute manière. C'est ce qui arrivait maintenant. Le couvercle se refermait, mais maman ne levait pas les bras pour l'accueillir. Maman était étendue à plat et ne disait rien. *Viens mon enfant. Viens mon enfant.* Le dos de maman était tourné ou elle n'était pas là du tout : un espace noir, de l'air noir et froid, c'est tout ce que maman était. Elle n'avait pas pleuré alors, lorsque maman avait été descendue. Elle aurait pu et avait voulu, mais ne l'avait pas fait parce que maman la rendait si furieuse. Elle n'avait pas voulu être furieuse, pas contre maman, mais elle l'était, alors elle ne fit que mordre ses lèvres et s'accrocher, et si qui que ce soit lui parlait ou la touchait, elle s'éloignait. Elle détestait la façon qu'ils avaient de murmurer, comme si maman pouvait entendre. Elle s'éloignait sans cesse mais ils continuaient de venir à elle. Jusqu'à ce qu'ils fussent plus nombreux, réunis autour d'elle en un groupe compact près de l'arbre, que là-bas près de la tente où sa maman était. Elle ne savait pas pourquoi ils étaient venus, d'ailleurs. Personne ne le leur avait demandé. Ils n'avaient aucun droit d'être là. Elle tremblait lorsqu'ils la touchaient. Elle repoussa leurs mains tendues et dut s'éloigner en douce. Elle dut s'éloigner jusqu'à l'arbre, mais toujours ils l'accompagnaient. Reniflant, agitant des petits mouchoirs à leur nez. Ce qu'elle voulait, c'est qu'elle et sa maman soient seules. Ne pas être seule avec sa maman, cette dernière fois, c'était la pire des douleurs. C'était pire que des talons en sang ou que cet homme dans l'autobus avec une cigarette qui lui pendait aux lèvres. C'était pire que de dépenser du bon argent pour venir ici dans cet endroit lugubre. À la fin, ce fut sa maman seule. On ne pouvait blâmer sa maman pour lui avoir tourné le dos, pour s'être transformée en espace noir, en air froid et noir qui ne répondait jamais à un seul mot qu'on lui adressait. Elle se sentait étourdie maintenant et avait chaud et savait que c'était la sueur de sa maman sur son front. *Je ne t'adresserai pas la parole, mon enfant, mais tu peux avoir ça. Je te donne ma fièvre avec tout le reste*. Ce n'était pas la faim qui lui faisait cela. La faim ne valait pas la peine qu'on en parle, parce qu'elle avait de l'argent dans sa poche et qu'elle pouvait acheter de la nourriture, beaucoup de nourriture quand elle le voulait. Elle pouvait manger des herbes, comme cette mule. Elle pouvait manger ces pastilles dans la poche de son manteau, mais elle ne le ferait pas. Sa maman avait dit : « Va au magasin et achète-moi ces pastilles pour soulager ma gorge et paie-toi une petite gâterie. » Et c'est ce qu'elle avait fait. Mais sa maman ne les avait pas touchées. Les yeux de sa maman avaient roulé dans leurs orbites. Vous pouviez prendre sa main dans la vôtre, mais elle ne pouvait pas serrer la vôtre en retour. Elle dormait et vous vous asseyiez près du lit en songeant à quel point elle était belle. Vous preniez sa main et votre propre main se consumait. Vous regardiez ses yeux se déplacer sous les paupières creuses et sombres. Vous surveilliez le tremblement de ses lèvres et appliquiez un linge humide car elles étaient toujours sèches. De la sueur perlait sur son front et vous pouviez y étendre un linge mouillé et le linge devenait aussi chaud que du feu en une minute, et pendant ce temps, la fièvre s'en allait ailleurs. Elle se réveillait, toussait et disait : « Je me suis assoupie, n'est-ce pas ? – Pouvez-vous manger, maman ? lui disiez-vous. Est-ce que je peux vous apporter quelque chose ? Vous vous sentez mieux ? » Elle tapotait votre main et essayait de sourire. Cela vous brisait le cœur de voir qu'elle essayait de sourire. Et ça, c'était la pire douleur. C'était pire que d'avoir des ampoules ou de sentir votre estomac qui se rongeait ou de venir si loin pour rien. Mais ce qu'il y avait là-bas était pire, même si ce n'était pas là-bas mais ici avec vous chaque instant, ce qui rendait la chose encore pire. Le pire c'était que maman ne serre pas votre main après que vous ayiez serré la sienne, et puis cette main qui n'était plus là pour serrer la vôtre, même si vous pouviez encore la sentir. Ce qui était pire encore, c'était d'attendre la pression de sa main et de savoir qu'elle ne viendrait pas. « Maman, est-ce que je peux vous apporter quelque chose ? Est-ce que je peux vous frictionner le dos ou rafraîchir vos draps ?

– Pas maintenant, mon enfant.

– D'accord, maman.

– Ne te fais pas de souci pour moi, mon bébé.

– D'accord, maman. »

Vous pouviez mettre une main sous la nuque de maman et la soulever ; vous pouviez mettre une cuiller entre ses lèvres et la nourrir comme un bébé. Vous

aimiez baigner les pieds de maman. Vous pouviez passer un linge frais entre ses orteils et la faire sourire
parfois. « Tu peux éteindre la lumière, maintenant »,
disait-elle, et vous, vous partiez et faisiez semblant de
le faire, ne lui laissant pas savoir qu'il faisait plein jour
et qu'aucune lampe n'était allumée. Elle s'appuyait sur
vous les jours où elle pouvait traverser la chambre, et
elle s'appuyait sur vous au retour. « Mon bras droit,
avait-elle l'habitude de dire, est une jolie petite fille.
Elle est mon bras gauche aussi. » Ses lèvres tremblaient
lorsque les douleurs réelles venaient ; alors elle tournait son visage contre l'oreiller pour ne pas que vous
la voyiez. Vous ne pouviez pas faire venir un médecin. Vous aviez appelé au téléphone du magasin et l'on
vous avait dit fais ceci, fais cela, et vous vous étiez
élancée à la maison et aviez tout fait, mais ça n'avait
pas aidé rien. Vous lui donniez des pilules à la pelle
mais ça non plus, ça n'avait pas aidé rien. « Ça vous
fait du bien, maman ? Ça vous relaxe ? Pouvez-vous
dormir maintenant ?

– Oh, mon enfant, oh oh oh. Je me sens comme si
je m'étais mise dans un four la tête la première. Sors-
moi maintenant. Prends mes jambes et tire. Mettre une
bonne femme la tête la première dans une fournaise
ardente est la seule façon qu'ils ont trouvée de s'assurer qu'aucune âme ne traîne derrière. Je sens que mon
âme est consumée et que le reste ne tardera pas à venir.
Prends mon manteau. Prends mon sac à main et mes
jolis foulards et mes chaussures neuves. Tu prends tous
les bas fins que la marine a jugé bon me donner. »

La marine. Il vous fallait sourire en pensant à ça.
Il vous fallait rire à gorge déployée. Même votre
maman au pire de sa maladie le pouvait. L'un de ses

anciens amoureux, Monty, il s'appelait, lui avait envoyé des bas. Il les avait obtenus d'un surplus de la marine ou dans des ports étrangers ou du marché noir, et leur arrivée était aussi réglée que du papier à musique. « Tous ces bas de nylon, j'en perds pied. Ça me dépasse. Qu'est-ce que les hommes ne feront pas. Tiens, je suis sortie une seule fois avec ce marin ! Je l'ai laissé me serrer fort sur la piste de danse, mais danser, c'est tout ce qu'on a fait. J'aimais ses bras qui m'enlaçaient. Je l'ai laissé m'embrasser et me prendre dans ses bras quand sa permission tirait sur sa fin et j'ai accouru pour lui dire adieu à la gare. Je l'ai emmené loin des regards, contre le mur de briques rouges, et c'est moi qui l'ai tenu dans mes bras cette fois. Cette fois, c'était moi qui faisais pleuvoir les baisers. "Tu reviens", avais-je dit. Il dit qu'il allait écrire, mais voilà ce que j'ai répondu : "Eh bien, tu sais comment sont les marins." J'aurais dû me donner à lui. Dieu sait que ce n'est guère suffisant. Si son navire coule et qu'il ne revient pas, je vais pleurer et regretter mille fois de ne pas l'avoir fait. Je pense à ça chaque fois que les bas de nylon arrivent. J'y pense chaque fois que j'en mets une paire. »

Les hommes adoraient sa maman. Il y en avait deux qui s'étaient battus pour elle une fois, mais elle n'avait plus adressé la parole à aucun des deux après.

« Je ne me laisserai pas traiter comme une motte de terre glaise que les hommes peuvent modeler à leur guise et prendre ensuite. Je me souciais de ces deux types comme un poisson de deux pommes et ils se seraient épargné un tas de jointures amochées s'ils m'avaient d'abord demandé mon avis.

« Ton père n'était pas comme ça, dit-elle. Il ne s'est jamais battu pour moi, n'a jamais élevé le ton pour m'arrêter lorsque je lui ai dit que je quittais l'endroit. Ce n'était pas lui que je quittais, comme je considérais l'affaire. Seulement cet endroit. Il n'a jamais dit ne serait-ce que "S'il te plaît " ou "Ne fais pas ça". Je sais qu'il en était malheureux et qu'il a pleuré parce que sa sœur, même si elle était folle, est venue me voir un jour et me l'a avoué. Elle a dit : "Reviens et cette fois, j'essaierai d'être bonne." Mais ton père n'a pas essayé de m'influencer. "On ne peut pas enfermer le vent", avait-il dit. Il n'essaierait pas de le harnacher non plus ; c'est ce qu'il avait dit. »

À plusieurs reprises dans ses déplacements la fille avait surpris son père qui circulait de la grange à la remise ou de la remise à la maison. Une fois, elle l'avait aperçu sur le seuil de la porte arrière qui embrassait l'horizon de son regard calme. À la fin de l'après-midi, il était sorti avec un seau et avait lancé de la nourriture à une demi-douzaine de poules, qui étaient descendues des arbres en volée. Il réapparut plus tard avec le seau et emprunta un sentier au bout duquel deux truies se vautraient dans des mares de boues à l'intérieur d'un enclos. Après, elle le vit transporter du bois. Une autre fois, il fut près de la porte de la clôture, taillant quelque chose au couteau.

Elle ne vit aucun chien. Elle aperçut quelque chose qui sillonnait la cour, mais ne put déterminer ce que c'était.

Pendant de longs intervalles, lorsqu'il disparaissait à l'intérieur de la maison, elle restait étendue à plat dans un champ ou dans l'autre, surveillant sa porte arrière.

Au-delà de l'espace clôturé se trouvait un verger ; elle foula ce coin de terrain, mais le peu de fruits qui y était tombé était véreux et pourri. Un petit lopin plus près de la maison lui avait servi de jardin potager pendant les saisons précédentes. Elle retira une jeune carotte du sol et la mangea rapidement ; elle en chercha d'autres pendant un long moment mais ne trouva rien.

Vers la tombée de la nuit, incommodée par le froid qui se faisait de plus en plus sentir, elle suivit ce qui semblait être un ancien sentier, en partie en terre battue, en partie envahi par la nature, et se trouva devant un site abandonné, incendié, à l'intérieur d'un anneau d'arbres roussis. Quelqu'un y avait vécu. Des feuilles de tôle froissée, des panneaux noircis et des madriers calcinés assemblés en croix encombraient l'endroit. Des broussailles poussaient à travers les décombres. Dans un coin, du chèvrefeuille grimpait, envahissant un mur partiellement intact. Elle regarda ce mur. Elle regarda la tôle. Elle pouvait fabriquer une sorte de toit là où le mur était encore debout, et y passer la nuit.

Elle se mit à l'ouvrage et nettoya cet espace. Elle travailla jusque tard dans la nuit, se rendant à peine compte que la noirceur était tombée.

La petite pièce qu'elle avait construite était bien cachée ; il fallait se tenir debout dessus pour se rendre compte de son existence. Elle avait de la place pour ses valises et de la place pour s'étirer, mais pas pour se tenir debout. Elle fabriqua une ouverture à l'avant assez grande pour qu'elle pût y entrer en rampant.

Elle aurait pu se cacher là, pensa-t-elle, un million d'années.

Après, elle traîna ses valises du bois jusqu'à cet endroit. Puis elle se reposa dans l'abri exigu, scrutant les zébrures et les têtes d'épingles du ciel nocturne. Pendant quelques minutes, elle s'assoupit, bien qu'elle n'en eût pas eu l'intention.

Plus tard dans la nuit, elle se fraya un chemin jusqu'au cours d'eau et là, tremblant de froid, elle se lava. Comme de la glace, cette eau. Elle la faisait claquer des dents et lui broyait les os. Mais il était bon de se sentir propre. C'était le paradis de pouvoir se débarrasser de la crasse et de la saleté. Elle se glissa nue dans son manteau, roula les vêtements sales sous son bras. Elle se dépêcha de revenir à son abri parmi les ruines et pendant de longues minutes resta assise à frissonner, attendant que la chaleur revienne. Elle ne pensait pas à la faim maintenant. Avoir froid est la pire douleur, se dit-elle. Je n'ai jamais rien connu de pire que le froid. Être seule au monde était une partie de plaisir comparé à la souffrance du froid. Si j'arrête de frissonner, le froid partira. Mais elle ne pouvait s'en empêcher. Sa peau était si blanche et tremblante qu'elle la voyait même dans ce trou noir. Son cuir chevelu démangeait. Ses cheveux étaient crasseux aussi ; demain, au lever du jour, elle irait les laver.

Elle chercha à tâtons dans la valise une paire de bas – des bas neufs – et les mit. « Dieu bénisse la marine », dit-elle, car c'était ce que sa maman avait aimé dire. « Lui, avec ses bas de nylon, il va me faire perdre pied. » Elle monta le bas jusqu'à sa cuisse et rentra ce qui restait dans sa culotte. Sa maman tenait ses bas avec des jarretelles ou elle les roulait ou les tordait d'une certaine façon et ils ne descendaient pas. De magnifiques jambes, qu'elle avait, cette bonne vieille maman. Elle chercha à tâtons un chandail et une jupe et les enfila. Puis elle sortit un peigne et ratissa ses cheveux emmêlés, poussant de petits cris lorsque le peigne tirait, et se demanda où son nœud était passé. Enfin, elle frotta un doigt sur ses dents et le mouilla pour arquer ses sourcils, peignit ses lèvres avec le tube que sa maman avait dit qu'elle pouvait prendre et rougit ses joues comme sa maman le lui avait montré.

Elle sortit son argent et le cacha dans une valise.

Elle accrocha son sac à main à son bras et rampa hors de son trou.

Au début, la maison n'était qu'une petite tache de lumière jaune et basse à l'horizon, éclipsée ici et là par les ondulations du terrain. Elle traversa les champs en courant par à-coups, balançant ses chaussures dans ses mains, se servant de la fenêtre éclairée comme phare. Bientôt les contours de la maison furent pleinement visibles, avec le toit affaissé et la girouette tordue et le gros sycomore à l'avant.

Elle s'accroupit à la limite de son dernier champ, avançant petit à petit à partir de là. De la fumée s'envolait de la cheminée ; la lumière vacillait. Il passa devant la fenêtre à un moment et elle se baissa vivement, retenant sa respiration. Des sons indistincts parvenaient de la maison et elle se demanda s'il avait des visiteurs, peut-être une femme. Elle se demanda ce que sa maman dirait à ce propos. Ou peut-être que sa maman s'était trompée au sujet de la sœur – peut-être qu'elle n'était pas plus morte qu'il n'y avait de chien. Mais ça lui sembla être de la musique, la radio peut-être.

Elle leva les yeux au-dessus du châssis. Il était assis sur un rondin qui lui servait de tabouret devant le feu et travaillait un morceau de bois, une sorte de sculpture. Il était assis sur une bûche, et pourtant la pièce contenait bien assez de bons fauteuils, en plus d'un vieux canapé qui avait l'air confortable. Cela la surprit de voir à quel point tout était propre et en ordre. Le plancher était en bois poli, d'une belle couleur profonde ; il y avait de nombreuses vieilles horloges au mur, et de jolies peintures, et des ouvrages en dentelle sur les bras du canapé et des fauteuils. C'était un endroit vraiment beaucoup mieux que ce qu'elle avait pensé, plus spacieux et bien mieux que l'appartement qu'elle et sa maman avaient eu. Sa maman n'avait pas été douée pour garder les choses en ordre et elle non plus.

Elle voyait pas de sœur. Elle voyait pas d'amie du genre fainéante et coureuse non plus.

Sa chemise était déboutonnée. Il avait un anneau de poils frisés sur la poitrine et des mains propres et ce qui lui semblait être des yeux plutôt verts.

Un verre se trouvait sur le plancher près de lui, et il y but, prenant trois ou quatre grandes gorgées.

Un alcoolique, pensa-t-elle. S'il n'est pas alcoolique, alors je m'appelle Clémentine.

Il battait la mesure du pied. La musique ne venait pas d'une radio mais d'un vieux Victrola dans un coin. Le couvercle était soulevé et elle voyait un large bras argenté tournant sur le disque du phonographe. Elle avait vu des Victrola comme celui-là en ville, avec un gros chien blanc tacheté à côté.

Elle connaissait cette chanson. C'était une vieille mélodie. Sa maman l'avait fredonnée de temps à autre.

« Tu es sa fille unique, avait-elle dit. Va le voir. Je ne plaisante pas. Maintenant. »

Elle marcha aux alentours de la maison, puis grimpa bruyamment sur le porche. Elle remonta ses bas et replaça son manteau. Puis elle prit une grande respiration et frappa à sa porte.

« Je vais essayer, dit-elle. Je lui laisse vingt-quatre heures pour faire ses preuves. »

MARIAN ENGEL

La femme tatouée

Marian Engel (1933-1985) a produit une œuvre imposante, qui explore la vie de femmes du sud de l'Ontario, d'où elle est native. Elle publie d'abord des romans : *No Clouds of Glory* (1968), publié de nouveau sous le titre *Sarah Bastard's Notebook* (1974), suivi de *The Honeyman Festival* (1970) et *Monodromos* (1973), repris plus tard sous le titre *One Way Street* (1974). Suivent un récit d'aventures pour la jeunesse, *Adventures at Moon Bay Towers* (1974), un recueil de nouvelles, *Inside the Easter Egg* (1975) et un journal fictif, *Joanne : The Last Days of Modern Marriage* (1975). Son quatrième roman, *Bear* (1976) / *L'ours* (1984 ; trad. de Paule Noyart), lui vaut le Prix du Gouverneur général. Engel publie ensuite un livre pour enfants, *My Name is Not Odessa Yarker* (1977) et deux autres romans : *The Glassy Sea* (1978), qui remporte la Silver Medal for Fiction de la Canadian Authors Association, et *Lunatic Villas* (1981), qui reçoit le City of Toronto Book Award. Ce dernier a été publié aux États-Unis sous le titre *The Year of the Child*. Cette même année, Engel est nommée Officier de l'Ordre du Canada. Fascinée par les îles, elle publie, toujours en 1981, un ouvrage de tourisme intitulé *The Islands of Canada* (1981). En 1984, elle reçoit un dernier honneur, le Metro Toronto YWCA Woman of Distinction in Arts and Letters. Son dernier livre, *The Tattooed Woman* (1985), est un recueil de nouvelles posthume dont est tirée la nouvelle reproduite ici.

Elle savait depuis quelque temps déjà qu'elle était plutôt sa mère que sa femme. Aussi ne fut-elle pas surprise lorsqu'il lui parla de son amie. Les mots qui lui étaient alors venus aux lèvres, elle les avait entendus à des mariages juifs : « *Mazel Tov* », dit-elle. Et puis : « De quoi a-t-elle l'air ? »

Ils étaient assis dans leurs fauteuils habituels. C'était le soir. Elle s'était demandé pourquoi il était rentré à la maison ce soir-là, alors qu'il avait l'habitude de revenir plus tard.

« Eh bien, dit-il, elle est... euh, jeune.

– Très jeune ?

– Vingt et un ans. » Toute cette affaire le mettait très mal à l'aise.

« Comment s'appelle-t-elle ?

– Euh... Linda.

– Elle travaille à la pharmacie, n'est-ce pas ?

– Non. »

Mais elle savait qu'il mentait. « Brune ? Blonde ?

– Ni l'une ni l'autre. Un peu comme toi... il y a longtemps.

– Qu'est-ce que tu comptes faire ?

– Je ne sais pas. »

Il avait l'air malheureux tout à coup, comme prêt à se lever et à s'enfuir. « J'aimerais rester ici jusqu'à ce que nous décidions.

– Mais bien sûr, chéri.

– Je crois que je vais aller faire la caisse maintenant. » Et il s'enfuit.

Elle se dit qu'elle avait accepté la situation avec beaucoup de dignité. C'était, bien sûr, la seule façon de s'en tirer. Elle s'y était presque attendu. Toutes les femmes de son âge s'y attendaient. Et, en toute honnêteté, elle n'avait rien à lui offrir que l'habitude. Elle avait accepté la situation comme une reine, décidat-elle, parce que sa mère lui avait dit : « Lorsque quelque chose te paraît difficile, fais comme si tu étais reine. » Elle le laissa partir et se retira humblement dans sa chambre. Quand elle s'aperçut que ses mains tremblaient, elle prit un somnifère.

Ils étaient mariés depuis vingt et un ans. Cette fille avait vingt et un ans, un an de plus que leur fils. Elle en avait quarante-deux, exactement le double. Elle n'avait rien à offrir. Elle avait gardé sa ligne, mais son corps, transformé par l'hystérectomie et l'appendicectomie, n'était pas neuf, ni bien fait, ni joli. Les chirurgiens travaillaient mieux maintenant, à ce qu'on disait.

Ils étaient mariés depuis vingt et un ans. Ils savaient bien s'éviter. Leur fils avait quitté la maison. Elle, qui n'avait été qu'une vendeuse avant de le rencontrer, n'avait jamais repris le travail, sauf dans la pharmacie de son mari. Elle meublait ses journées de petits riens, faisait partie d'un club de golf, bavardait avec des amies, lisait des magazines. Elle lisait aussi des livres, tout de même, essayant de se tenir au courant des dernières passions du public, ce qui n'avait jamais intéressé son mari.

Ils avaient été mariés vingt et un ans. Cette jeune fille avait vingt et un ans, et son nom comportait le même nombre de lettres que le sien. Elle avait les cheveux du même blond que les siens autrefois. « D'où vient-elle ? lui demanda-t-elle.

– De Winnipeg », dit-il, et il rougit. Elle aussi venait de Winnipeg.

Ce soir-là, il annonça qu'il allait à Montréal faire des achats pour la pharmacie et qu'il serait absent une semaine.

Ils étaient mariés depuis vingt et un ans. Cette jeune fille avait vingt et un ans. La moitié de son âge. Il n'y avait rien qu'elle pût faire. Elle n'était même pas sûre de vouloir faire quoi que ce soit. Elle vivait avec lui depuis si longtemps qu'ils ne se voyaient plus. Cette fille le remarquerait, verrait qu'il n'avait plus de poils sur la jambe gauche à cause d'une grosse crise de mycose, que son oreille droite était plus décollée que la gauche.

Bon, se dit-elle, à vrai dire, il n'est pas ce qu'on appellerait un beau parti : il ronfle et dans deux ans il aura cinquante ans. Il faut que je me trouve un amant.

Bien qu'elle ne sût pas du tout comment faire, n'ayant jamais couché qu'avec lui. C'est la pilule qui nous a fait ça, pensa-t-elle : elle a libéré toutes les petites filles de la quarantaine sexuelle. De toute façon, je ne perds pas grand-chose !

Elle pensa chercher un travail, puis en écarta l'idée. Il n'avait jamais voulu qu'elle travaille. C'était difficile d'être sur les listes de bénévoles dans les hôpitaux ; il fallait être Quelqu'un, et la femme d'un pharmacien n'est pas Quelqu'un. Elle acheta beaucoup de livres de poche sur l'écologie et fit semblant d'étudier quelque chose.

Elle aurait étudié quelque chose si son père le lui avait permis, mais il pensait qu'elle ferait bien de se trouver un emploi.

Elle coulait des jours tranquilles. Elle se levait tard et prenait de longues douches savonneuses, polissant son corps, pensant toujours au corps de cette fille, jeune et ferme et sans cicatrices. Puis elle jouait au golf, prenait quelques gins avec Biddy et Helen au club – l'une veuve et l'autre divorcée[1] – et mangeait de temps en temps avec l'une ou l'autre.

C'étaient les nuits qui étaient pénibles. Elle se préparait pour la nuit et restait assise dans son déshabillé, pensant au corps de la fille, à ses jambes, auxquelles on n'avait jamais enlevé de veines, à ses parties génitales, d'où l'on n'avait jamais extrait ni enfants, ni fausses couches, ni tumeurs. Aux humiliations auxquelles elle n'avait jamais été exposée. Pauvre, pauvre petite. Elle l'imagina compacte, blanche, bien faite et presque sans poils, comme les femmes orientales dans les histoires de GI américains.

Un soir, alors qu'il lui venait des idées qu'elle n'aurait jamais cru avoir, elle se coupa à la jambe en se rasant. Le sang ruisselait. Il lui arrivait souvent de se couper sur le devant de cette jambe, vestige bosselé d'une enfance difficile. Le sang qui coulait lui procura une grande satisfaction.

Elle sortit la lame de rasoir et la rinça. Elle alla s'asseoir à la coiffeuse et alluma son miroir à maquillage. J'ai quarante-deux ans et elle en a vingt et un, pensa-t-elle. Avec des gestes légers et précis, elle se tailla une petite étoile sur le front. L'expérience doit être visible, se dit-elle.

---

1. NdlT : « a real widow and a grass widow » : jeu de mots sur le mot *widow*, *grass widow* signifiant « femme divorcée ou séparée ».

Ses joues devenaient moins lisses avec les années et elle pensa aux Africaines qu'elle avait vues dans le *National Geographic,* qui avaient de magnifiques entailles dans leur peau d'ébène. Elle se fit quelques petites marques et jugea qu'elle manquait de technique. Puis elle se coucha et dormit très, très bien.

Au fil des nuits, sa technique s'améliorait, en partie parce qu'il lui fallait éviter le club : Bid et Helen remarqueraient sûrement quelque chose. Elle sculpta de petites étoiles en forme de A sur ses bras puis rassembla son courage pour faire des courbes.

Elle ne s'entaillait pas profondément. Elle ne tenait pas à se faire mal. Sur ses seins, elle dessina de ravissantes arabesques, sur ses avant-bras, des hachures aux motifs presque imperceptibles de maisonnettes et d'arbres. Ses dessins n'étaient pas très visibles, mais de savoir qu'ils étaient là la réconfortait.

La pharmacie se trouvait dans un centre commercial. Son mari avait raison d'en être fier. Au début, il n'était qu'un pharmacien comme les autres, mais il avait beaucoup travaillé. La pharmacie avait l'air d'appartenir à une grande chaîne, riche et sophistiquée, mais il en était le propriétaire. Située à côté d'un supermarché, la pharmacie avait un gros chiffre d'affaires. Par principe elle n'y était jamais allée, parce qu'elle savait qu'il n'aimait pas la voir se mêler de sa vie.

Le lendemain du retour de son mari, elle se rendit à la pharmacie et acheta une boîte de Kleenex. La caissière portait un macaron où « Maureen » était écrit. Elle flâna encore, sachant qu'il n'était jamais là à cette heure et que le préparateur ignorait qui elle était, puis aperçut une jeune fille qui disposait des bouteilles de lotion pour les mains sur les étagères. Sur son macaron on pouvait lire « Linda ».

Sans regarder autre chose que son uniforme impeccable et ses longs cheveux couleur de caramel, elle se retira et se dirigea vers le centre du mail, où se trouvaient une fontaine et une série de bancs élégants (comme ils avaient été heureux lorsqu'il avait enfin acheté ce magasin !). Elle s'assit près d'une fougère, alluma une cigarette et se mit à suivre l'image sur l'écran de télévision en circuit fermé qu'il avait fait installer pour prévenir les vols.

Linda traversa et retraversa le petit écran. Elle était jeune et pas spécialement jolie. Elle marchait avec assez de grâce dans ses souliers blancs à semelles de bois. Elle avait les yeux sombres et un visage sérieux qui ne souriait presque jamais. Elle décida qu'elle l'aimait bien.

Ce soir-là, il était à la maison. Elle n'alluma pas la lampe au-dessus de son fauteuil.

« Vous êtes-vous amusés à Montréal ?

– C'était pas trop mal.

– Où êtes-vous descendus ?

– Au Château Champlain.

– Est-elle bonne au lit ? »

Irrité, il rétorqua : « Tu parles d'une chose à demander », et quitta la pièce.

Chaque jour, maintenant, elle allait au centre commercial et s'asseyait près de la fougère. Une fois, elle vit son mari entrer et, avec beaucoup, beaucoup de précautions, éviter de parler à Linda. Elle se faufila dans le supermarché et lorsqu'elle rentra à la maison, entailla l'une des petites étoiles de son front un petit peu plus profondément.

Le jour suivant, Linda était à la caisse. Elle y alla directement et acheta un paquet de cigarettes et des allumettes. La fille ne réagit pas. Elle avait le teint clair et un joli petit corps sous son uniforme de nylon. Les bras plutôt poilus. « Quatre-vingt-cinq », dit-elle d'une voix qui manquait de distinction.

Bon, moi aussi, je manquais de distinction, pensa-t-elle.

Cachée par la fougère, elle vit son mari aller derrière le comptoir-caisse. Il y déposait des paquets de cigarettes. Il glissa sa main le long du dos de la jeune fille, des épaules au derrière. Il me faisait la même chose autrefois, pensa-t-elle.

Ce fut la seule fois où elle le vit jamais la toucher. La plupart du temps, ils travaillaient ensemble dans un silence plein de dignité. La fille était d'apparence soignée et semblait efficace. Elle l'est sûrement, pensa-t-elle. Bien élevée, habituée à aider sa mère à la cuisine, à ranger les choses à la bonne place. Je l'aidais dans l'ancienne pharmacie, tandis que le bébé dormait dans l'arrière-boutique. Il était à cheval sur la propreté des rayons.

Elle n'était pas devenue négligente, n'avait pas mauvais caractère, n'avait pas perdu sa ligne. Ce qui était drôle, c'est qu'elle avait tout simplement vieilli. Vieillir ne semblait pas avoir d'importance pour les hommes.

Tous les jours, elle les surveillait de derrière la fougère. Un soir, il revint à la maison et remarqua que le salon était poussiéreux. « J'ai tellement lu, ces jours-ci, s'excusa-t-elle.

– C'est curieux, tu n'allumes jamais le soir.

– Mes yeux sont fatigués le soir, maintenant. Je lis des livres sur les animaux. Sur la façon dont ils s'adaptent à la nature. C'est fascinant.

– Je n'en doute pas », dit-il, l'esprit ailleurs.

Je suis une artiste maintenant, pensa-t-elle, une véritable artiste. Mon corps me sert de toile. Je suis très vieille, et très belle, je suis sculptée comme un vieux chaman, je suis un artefact d'une ancienne culture, mon corps est un pictogramme de la préhistoire, il a été utilisé et courbé et profané et brisé, mais j'ai résisté. Je suis Quelqu'un.

La semaine suivante, la découvrant derrière la fougère, il la saisit rudement par le bras : « C'est méprisable d'espionner les gens, dit-il, c'est indigne de toi. Je n'y peux rien, je l'aime, je te dis, c'est plus fort que moi, c'est mon âge. » Alors il vit son bras et s'écria : « Oh mon Dieu ! »

Il la conduisit chez un médecin. Elle tenta d'expliquer à ce médecin qu'elle était une femme vieille et sage tout en étant belle et neuve. Il lui demanda où elle s'était marquée ; elle enleva ses vêtements et le lui montra. « Vous devez l'avoir beaucoup aimé », dit-il.

Elle fouilla dans sa mémoire. « Je voulais qu'il soit heureux, avoua-t-elle, alors je dois l'avoir aimé. Lorsque j'étais jeune, j'étais vendeuse à la pharmacie, comme Linda. J'ai quarante-deux ans et elle en a vingt et un. Elle a un an de plus que mon fils. Elle vient de Winnipeg et je viens aussi de Winnipeg. Ses yeux sont plus sombres que les miens et son nez n'est pas aussi fin que le mien. Mais bien sûr les jeunes femmes font bien l'amour, on leur permet d'avoir plus d'expérience. »

Le docteur était très doux. « Je ne veux plus que vous vous fassiez ça, dit-il. Je veux que vous décidiez où vous voulez aller et ce que vous voulez être.

– Je suis moi-même, dit-elle.

– De toute évidence, cela n'a pas suffi pour vous soutenir.

– Non.

– Quand tout cela sera cicatrisé, ajouta-t-il, vous mettrez fin à votre deuil.

– Est-ce qu'il faut que j'aille à l'hôpital ? Il a dit qu'il faudrait que j'y aille, je l'ai entendu.

– À quoi pensez-vous lorsque vous vous marquez de la sorte ?

– Je pense : elle est propre, elle est pure ; j'ai brisé mon corps pour lui, maintenant je le brise pour elle. Elle est ma fille, elle est mon autre moi. De cette façon, je la rends vieille et sage.

– Elle n'a pas besoin d'être vieille et sage ; elle n'a besoin de vous pour rien. Les jeunes, comme vous dites, sont différents, maintenant. Il n'y a rien que vous puissiez leur donner.

– Est-ce qu'il faut que j'aille à l'hôpital ? Ma tante Florie a eu des chocs électriques. On les fouettait avec des boyaux.

– Cela m'étonnerait. Peut-être avait-elle l'impression qu'ils la traitaient de cette façon. Que voulez-vous faire ? »

Elle se sentit à la fois vide et libre. Enfin, elle dit : « Je n'ai jamais voyagé. Il y a des choses dans le monde que je veux voir. Quand on a un commerce, on ne peut pas s'éloigner pendant très longtemps. On ne peut faire confiance à personne, voyez-vous. Je tenais la pharmacie, à une époque, lorsqu'il partait faire ses achats.

– Je ne veux pas que vous alliez à l'hôpital. Votre mari vous préparera des onguents qui guériront votre peau. Puis, si vous le voulez, vous voyagerez, tout comme votre fils. Vous verrez toutes les choses que vous avez toujours voulu voir. Peut-être cela fera-t-il de vous la vieille femme sage que vous voulez être. »

Alors, soudain, elle comprit ce qu'elle avait fait et pourquoi elle l'avait fait. Elle avait fait cela pour susciter sa pitié, et la pitié n'était pas quelque chose qu'il lui devait. Lui et son amie ne viendraient pas appliquer les onguents guérisseurs sur son corps. Ils se libéreraient d'elle, ils courraient vers leurs plaisirs secrets.

« Écoutez, dit-elle, envoyez-moi dans une quelconque clinique où je pourrai me débarrasser des pires cicatrices. »

Le médecin eut l'air surpris.

« Il peut payer, dit-elle.

– Vous voulez de l'argent, maintenant.

– Oui, d'abord de la pitié, ensuite de l'argent. Me croyez-vous différente des autres femmes ?

– Oui, dit-il, de toutes les années... », puis il s'arrêta. « Vous devriez aller quelque part où il fait chaud. Cela donnera un bronzage saisissant. »

JANE URQUHART

Verre de Venise

Jane Urquhart, née en 1949 dans un petit village du nord de l'Ontario, a fait des études en littérature anglaise et en histoire de l'art. C'est comme poète qu'elle s'est d'abord fait connaître, avec les recueils *I Am Walking in the Garden of His Imaginary Palace* (1982), *False Shuffles* (1982) et *The Little Flowers of Madame de Montespan* (1983). Son premier roman, *The Whirlpool* (1986) / *Niagara* (1991 ; trad. de Anne Rabinovitch) obtient le Prix du meilleur livre étranger en France. L'année suivante, elle publie son seul recueil de nouvelles, *Storm Glass* (1987) /*Verre de tempête* (1997 ; trad. de Nicole Côté). Viennent ensuite *Changing Heaven* (1990) / *Ciel changeant* (1993 ; trad. de Sophie Mayoux), puis *Away* (1993) / *La foudre et le sable* (1995 ; trad. de Anne Rabinovitch), qui est instantanément un bestseller et lui vaut le Trillium Award (ex æquo avec Margaret Atwood). Urquhart reçoit en 1994 le Marian Engel Award pour l'ensemble de son œuvre. En 1996, elle est nommée Chevalier des arts et des lettres en France et son roman *Away* est en nomination pour le prestigieux prix IMPAC de Dublin. Son dernier roman, *The Underpainter* (1997) / *Le peintre du lac* (1998 ; trad. de Anne Rabinovitch), a remporté le Prix du Gouverneur général. Ses poèmes et nouvelles sont reproduits dans plusieurs anthologies.

J e la découvris à Florence. Sa mère y possédait une maison où mes compagnons et moi étions souvent invités, comme d'autres touristes de marque de l'époque. Cette maison, je me rappelle, était vaste et humide – si humide, en fait, que la peinture qui recouvrait le mur s'écaillait lorsqu'un bras l'effleurait par mégarde et que les livres étaient gondolés et couverts de moisissure. La pièce où elle entra, la première fois que je la vis, était éclairée par un feu insuffisant, dont la chaleur ne rayonnait même pas jusqu'aux meubles. Mais elle, en entrant, apporta de la chaleur ; du moins est-ce ce que je crus à ce moment.

Elle fut ma première obsession. Calme et sereine, elle circulait dans les pièces de cette maison avec dans ses mains un plateau d'argent rempli de verres de xérès pour les invités. Lorsqu'elle passait près des grandes fenêtres, la lumière reflétée par les verres éclairait l'arrondi de son visage, dont la surface, sans cette lueur d'émotion factice, ne reflétait plus qu'un état de tranquillité passive.

Mon tuteur s'inquiétait de mon intérêt pour elle et me sermonna jusqu'à une heure avancée de la nuit. Qu'il me parlât de Raphël ou de Signorelli, des visages des femmes de Giotto ou de Botticelli, ce n'était, je le savais, que pour me distraire de son visage à elle, qui s'était mis à briller dans mon esprit avec la constance d'une lune toujours pleine. Parfois, il faisait allusion à l'itinéraire que nous suivrions lorsque les mois d'hiver seraient passés et il me décrivait les reliques que nous pourrions trouver sur notre chemin : la langue incorruptible de saint Antoine, à Padoue, les os des cardinaux dans le Camposanto, à Pise. Mais je savais que ce dont il me parlait vraiment, c'était de ma langue, de mes os, m'avertissant par là des effets de l'amour qui n'est ni prescrit ni prémédité.

L'objet de notre voyage était double : il fallait parfaire mon éducation, mais nous avions aussi l'espoir de rapporter quelques souvenirs tangibles de l'Italie afin d'orner, temporairement, les murs et les étagères de la maison de campagne de mon père ; par la suite, lorsque mes projets de mariage seraient fixés, j'en ornerais de façon permanente les murs de ma maison. Aussi, lorsque nous n'étions pas à essayer de préciser les vagues contours de fresques dans de vieilles et sombres églises, nous parcourions les bazars et les boutiques à la recherche de trésors. Bien que mon tuteur, qui avait fait ce voyage plusieurs fois, eût un bien meilleur œil que moi, aucun de nous deux n'était expert, et nous nous trompions souvent dans nos achats. Toutefois, je suis heureux de déclarer que plusieurs de ces souvenirs sont toujours en ma possession : un minuscule Sasseta dépeignant un obscur saint entouré de feuilles d'or, quelques fragments de statuaire romaine, qui ont été authentifiés, ainsi que des tessons de poterie étrusque. Nous achetâmes des œuvres d'autres primitifs italiens, moins connus, de la belle argenterie et de magnifiques chaises, à vil prix, à Naples. Mon tuteur suggéra que nous n'achetions ni dentelle ni verre avant d'arriver à Venise.

La jeune fille avait terminé son éducation à Florence. Elle était aussi instruite que femme peut l'être, jouait du piano-forte, faisait de l'aquarelle, des tapisseries à l'aiguille et composait des vers sentimentaux, qu'elle transcrivait d'une écriture ronde et claire. Sa mère et elle avaient vécu à Florence plus d'une année et, par conséquent, elle en savait beaucoup plus que moi sur la peinture et la sculpture florentines. Pourtant, ce n'était rien de tout cela qui m'attirait en elle. C'était quelque chose dans sa façon d'être – peut-être était-ce quelque chose que j'avais inventé –, une sorte d'état de grâce permanent en ma présence, qui semblait s'amplifier au fur et à mesure qu'elle me devenait moins étrangère. Ce n'est pas que son visage fût différent. Son expression demeurait inchangée. Mais je sentais, dans l'atmosphère qui l'entourait, une intensité pleine de frémissement, comme les êtres et le paysage que l'on voit trembler à la surface d'un étang.

L'hiver s'écoula dans une succession de mondanités, thés et dîners, chez elle ou chez d'autres Anglais vivant dans la région. Je vois cela maintenant comme une sorte de jeu : si j'abaissais la bonne carte, je pouvais m'asseoir près d'elle à table ou, mieux, en face d'elle, de façon que mes yeux pussent parler aux siens. C'était une beauté, tous étaient d'accord sur ce point. Sa gorge, je me rappelle, était particulièrement exquise ; une vie y battait que je ne pouvais tout à fait interpréter. Cette connaissance infinitésimale que j'avais d'elle ainsi que sa parfaite sérénité me la rendaient fascinante. Je voulais connaître les détails de ses pensées, je désirais être l'homme qui déchirerait ce que je croyais être le voile trompeur de son calme.

Aussitôt que j'eus découvert qu'elle, sa mère et quelques amis avaient l'intention de visiter l'Italie pendant l'été, je commençai à modifier mon itinéraire pour qu'il coïncidât avec le leur. Je prenais conscience du fait qu'à partir de ce moment, toutefois, je devais agir avec subtilité. Ne pouvant apparaître dans toutes les villes qu'ils avaient l'intention de visiter, je décidai de ne me montrer que lorsque ma présence semblerait tenir du hasard. J'étais un jeune homme astucieux. Je planifiai ma stratégie sur le principe que, dans certaines circonstances, le retrait possède autant d'attrait que les avances. Je savais comment imposer ma présence de façon qu'elle exprimât clairement mon absence ultérieure : quitter une pièce, par exemple, au milieu d'une discussion dans laquelle j'avais joué un rôle important et pour laquelle aucune conclusion n'avait été tirée ; l'entretenir des merveilles fictives que j'affirmais brûler de lui montrer dans une prochaine ville, puis ne jamais apparaître dans cette ville ; ne lui donner aucun renseignement sur la façon de pouvoir admirer ces merveilles par elle-même ; lire silencieusement une lettre en sa présence, laissant les états d'âme se succéder sur mon visage comme la pluie et le beau temps ; ne pas révéler le contenu de cette lettre, mon dessein étant de créer, par de nombreux mais modestes moyens, un vide que seule une plus grande fréquence de contacts, de conversations, pouvait combler. Tout cela dans le but qu'elle finisse par me chercher dans des lieux lointains, étrangers.

Bien que je fusse jeune, je connaissais, comme par instinct, l'effet des lieux sur une personne. À Rome, je jouai l'extravagant, les divertissant, elle et son groupe, en tout moment, les amenant au concert, au théâtre, à des banquets fastueux. Je ne fis au début aucun effort pour lui parler seul à seul, bien que le sang me montât à la tête lorsque, à table, elle se tournait vers un autre ou adressait un sourire tranquille à un acteur de la *Commedia*.

Enfin un jour arriva où ses compagnons et les miens, qui s'étaient liés d'amitié en raison du contact prolongé auquel je les avais contraints, décidèrent d'entreprendre une excursion pour faire leurs dévotions – pour ce qu'elles valaient – à la Vierge à Monte de Guardia. Elle et moi étions restés derrière afin de visiter l'église de Santa Maria Maggiore. Là, dans cet intérieur plein de colonnes, sur ces froides dalles bosselées aux motifs géométriques, je sus qu'endroit et intention concordaient enfin et je parlai, pour la première fois, de l'affection que j'avais pour elle. Je me souviens de la poussière sur le bas de sa jupe, d'un rayon de soleil de fin d'après-midi qui, traversant un vitrail, s'était posé sur son épaule. Je me rappelle le moment où la sérénité de son expression s'était altérée, ce moment où elle s'était ouverte à moi.

Mon tuteur, pendant ce temps, n'avait pas oublié sa tâche. Tenace comme une rage de dents, il était toujours à mes côtés, à me tenter avec des peintures sur panneaux légèrement endommagées, des tapisseries usées, des ivoires jaunis du Moyen Âge. Mais déjà, je ne rêvais plus que d'elle. Des détails de son costume occupaient mes pensées : le bouton de nacre de son gant ou le passement violet de sa jupe. Je l'imaginais, devant des miroirs, qui nattait ses cheveux ou agrafait un camée dans le petit creux à la base de son cou. En passant du soleil aveuglant des midis italiens à la nuit opaque des églises, je me sentais tomber dans ses bras, comme si leur attraction était aussi puissante et mystérieuse que ces lieux d'un culte étranger que nous envahissions constamment malgré nous.

Je suis un vieil homme maintenant. Même aujourd'hui pourtant, quand je repense à Rome, c'est la ligne pâle de son sourcil qui me revient, et ce regard perplexe qu'elle avait. Ce choc – c'était la première fois qu'elle quittait un territoire neutre et calme – l'avait atteinte comme un coup dur ou une perte, et je me rappelle sa silhouette, légèrement courbée par cette perte, à la dérive sous les sombres peintures à l'huile, jour après jour.

Vers la fin du printemps, nous atteignîmes Bologne. L'air était déjà sec et chaud, et la poussière retombait sur les cils, ses cils. Je jure que si j'avais pu voir tout cela comme un reflet dans ses yeux, j'aurais été satisfait. Mais il fallait sauver les apparences. Mon tuteur et, indirectement, mon père, devaient être apaisés. Il me fallait compléter mon éducation. Il fallait que des mots comme « gothique » et « Renaissance » fussent imprimés dans mon âme. Elle restait, entre-temps, attachée à moi. Sa présence, comme une aile frémissante, perturbait l'air immobile. Son corps barrait la vue, comme ces portraits italiens où le charmant paysage est presque oblitéré par la tête et les épaules d'une comtesse. J'étais incapable d'accorder mon attention, au-delà de sa présence, aux monuments qu'on me demandait de me rappeler. Au cours de nos conversations du soir, mon tuteur m'avoua qu'il était consterné par mon incapacité à me rappeler quoi que ce fût. Il me dit que ma tête était vide, me traita d'inculte jusqu'au moment où je lui expliquai que les monuments me rendaient perplexe : à moins qu'ils ne fussent fracassés, qu'ils ne devinssent fragments, ils ne pouvaient être déplacés, disposés dans des caisses ou envoyés en Angleterre ; aussi n'avaient-ils rien à voir avec mon avenir. À moins de pouvoir m'appartenir, aucun objet physique ne pouvait retenir mon attention.

Dès le début de juin, nous étions à Padoue, ville dont les rues orange et jaunes étaient remplies d'enfants chantants. Une fois de plus, elle et moi nous retrouvâmes seuls dans l'une de ces vastes mais froides architectures religieuses qui étaient si présentes dans notre voyage. Cette fois-ci, c'était un lieu de pèlerinage, la basilique de saint Antoine. Elle, là, dans le bleu sombre de sa robe, se fondant dans l'arrière-plan des murs, hors son visage, lune opaline. L'église n'était pas une merveille ; c'était un mélange des pires styles de plusieurs périodes. Parmi ce désordre, la pureté de ses lignes était absolue ; elle m'apparaissait au fur et à mesure que mes yeux s'habituaient à l'obscurité. Nous exécutâmes la danse que de tels endroits appellent : nous remontâmes l'allée centrale, redescendîmes le long des nefs latérales, encore et encore, passant et repassant devant tous ces sombres confessionnaux où les fidèles décrivent leurs péchés à une grille aveugle. Puis, nous arrivâmes à la chapelle, où se trouvait le trésor de la basilique. Je m'arrêtai, dépassé, saisi : il y avait là des couronnes et des calices d'or incrustés d'émeraudes et de rubis, des pendentifs et des fibules en filigrane, des sceptres et des coupes, et, ce qui me laissa stupéfait, plus de cent reliquaires outre celui qui contenait la langue du défunt saint. C'était un trop-plein de splendeur, le riche spectacle d'une gloire passée. Je ne pouvais imaginer les mains des artisans qui avaient confectionné de tels miracles en miniature. Tout était si proche ! Je voulais toucher à tout, laisser des empreintes comme preuves de mon désir de posséder ce trésor, de l'avoir tout à moi. Je voulais harnacher la lumière réfractée, qui rebondissait du métal précieux à mon cerveau. À partir de ce moment, les chambres de mon avenir se remplirent de vitrines de verre, dans lesquelles je disposai un objet après l'autre.

À côté de moi, la femme que j'avais suivie pendant des mois se détourna de cette opulence, riant quelque peu à la vue d'une phalange entourée d'une minuscule cathédrale gothique en argent. Elle me regarda dans les yeux pour y découvrir les siens, mais n'y trouva que le désir des biens matériels. Je pris tout de même sa main ; nous descendîmes l'allée centrale, traversâmes le portail et nous retrouvâmes sur la grand-place. Là, elle seule se mit à chanter les traditionnelles louanges du Gattamelata de Donatello, un homme que je trouvais trop petit pour son superbe cheval. C'est pourtant l'un des seuls monuments que je peux encore rappeler à ma mémoire aussi clairement que si j'y étais maintenant.

Lorsque nous atteignîmes Venise, nos groupes voyageaient déjà ouvertement ensemble. Personne, pas même mon tuteur, ne s'opposait plus à ce que je lui fisse la cour. En fait, mon tuteur avait promis de parler à mon père du peu d'importance de choisir une épouse appartenant à la noblesse et de l'honorabilité du milieu dont ma belle amie était issue. Nous les avions tous gagnés à notre cause : elle, avec son charme, moi, avec mon opiniâtreté. Puis, alors que j'étais à quelques pas de mon but, la passion du collectionneur me tendit ses filets. C'était aussi simple que de changer une obsession pour une autre, et aussi compliqué que les entrelacs d'une broche. Presque imperceptiblement, le foyer de ma passion se déplaça. Je terminai presque toutes nos discussions avec des affirmations péremptoires, réunissant tous les fils de la conversation en un nœud gordien. Il ne restait plus rien à dire. Je pris l'habitude de lui parler des merveilles bien réelles de la ville où nous étions et de l'y conduire immédiatement après. Il ne restait plus rien à anticiper. Je lus toutes les lettres que j'avais reçues à voix haute, en sa présence, tirant au clair les passages obscurs à l'aide de définitions irréfragables. Et il ne restait plus de questions sans réponses.

Je découvris le verre à Venise. Ma vision des choses se transforma. La ville elle-même semblait faite de verre, reflétée par toute cette eau dormante. Au début, je visitai une boutique après l'autre avec mes compagnons, ne voulant pas encore être seul avec lui, mon nouveau trésor. Je l'appelais fluide gelé, geste figé. Au bout de trois jours, je me mis en route seul et traversai les lagunes en gondole vers Murano.

Lors de ma première visite, j'achetai seize coupes à chocolat *lattimo*, au fond desquelles des cathédrales étaient peintes à la sépia, et une grande quantité de verre bleu – une imitation de lapis-lazuli, pour garnir les manches de mon argenterie –, des dizaines de vases aux pastels clairs, où couraient de fines lignes, comme des routes sur une carte ; des assiettes transparentes où flottaient des paysages émaillés. Dans les jours qui suivirent, j'expédiai des caisses et des caisses à Londres. Je choisis des tasses, des fioles, des cruches, des soucoupes, des coupes et des lustres imposants. Et puis, des œuvres plus fantasques : un navire complètement équipé – des voiles et un gréement, ainsi qu'un arbre à l'épaisse frondaison. Enfin, lors de ma dernière journée à Venise, je partis à la recherche de miroirs et en choisis cinq, dont les cadres au style orné étaient en verre.

Le dernier soir, au crépuscule, je marchai avec elle sur le bord de l'un de ces longs plans d'eau. Je m'arrêtai pour ramasser un caillou et le laissai tomber avec désinvolture à l'endroit où l'image de sa silhouette élancée vacillait. Je regardai son image se désintégrer, simultanément, dans l'onde et dans mon esprit. À partir de ce moment, elle fut du verre transparent volé en éclats ; notre rupture devint claire. Je ne pouvais pas la voir sans voir, à travers elle, les monuments de la ville, son bras gauche devenant une lointaine flèche, son épaule, l'ornement d'un palais, son corps, un vase fin et élancé. Je sus alors que je l'avais imaginée comme un cristal délicat, si transparent qu'elle était presque devenue invisible pour moi : je ne pouvais la toucher sans risquer de la briser.

Lorsque je revins de cette ville de canicule et de silence, Londres semblait bruyante et froide. Je mis la dernière main aux préparatifs du mariage que ma famille approuvait, mariage qui me ferait duc. Ma femme et moi avons beaucoup d'affection l'un pour l'autre. Il n'y a pas eu d'autre femme dans ma vie.

Bien sûr, je continuai à acquérir du verre ; je retournai à Venise souvent, au cours de toutes ces années, et dans le reste de l'Italie, à la recherche d'objets plus anciens, d'une beauté plus raffinée. Les pièces de ma maison sont remplies d'objets si fragiles, si délicats que je peux à peine supporter d'y entrer, de crainte qu'un mouvement maladroit, ou même un courant d'air que je créerais en entrant, amenât la destruction de l'empire que j'ai passé ma vie à bâtir. Mon obsession du verre soufflé. Ma fragile vocation.

Et maintenant, après soixante ans, ce soudain changement d'intérêt. Les pièces de ma maison de campagne sont pleines, ma collection est complète. J'ai verrouillé la porte, quittant cette pièce pour toujours. Je possède des milliers d'objets magnifiques, bien en sécurité derrière du verre plus épais, protégés par des murs de pierre. Mais je ne les veux pas, je ne veux pas leur fardeau, la peur, cette impuissance à affronter un vent violent ou le galop de chevaux près de la fenêtre. Je ne les veux pas, je ne veux qu'un souvenir : une jeune fille dans la lumière, un plateau rempli de coupes de xérès. Je veux me rappeler les mots qu'elle disait, la couleur de ses yeux.

Je ne veux pas de ce vieil homme qui me renvoie mon regard dans ces cinq sombres miroirs. Bien qu'aucun objet de sa collection n'eût jamais été abîmé, ses rêves sont remplis d'éclats de verre et de larmes.

CAROLINE ADDERSON

Menés

Née en 1963 à Edmonton, Caroline Adderson a étudié à l'Université de Colombie-Britannique. Elle a reçu nombre de distinctions pour son premier recueil de nouvelles, *Bad Imaginings* (1993) : finaliste au Prix du Gouverneur général (1993) et au Commonwealth Writers Prize (1994), elle a reçu le Ethel Wilson Fiction Prize et le British Columbia Book Award (1994). Plusieurs nouvelles du recueil avaient déjà été remarquées avant sa publication (en nomination pour le National Magazine Award et le Journey Prize ; lauréate du concours de nouvelles de CBC à deux reprises). Les nouvelles d'Adderson, publiées dans les meilleures revues du Canada anglais, figurent aussi dans plusieurs anthologies : *Out of Place* (1991), *Coming Attractions 1993*, *The Journey Prize Anthology* 5 (1993) et *Oxford Anthology of Canadian Literature* (1995). Elle a aussi écrit le scénario du long métrage *Tokyo Cowboy* (1994), qui a gagné le prix du film canadien le plus populaire au Festival international des films de Vancouver. *A History of Forgetting* est son plus récent ouvrage de fiction (1999).

Laurence patauge dans le lac, les jambes raides, un seau de plastique dans une main, l'autre rééquilibrant sa tête. Leur grand-mère lui a fait mettre un petit béret de marin. Un maillot de bain bleu, celui que portait Thad il y a deux ans, pend à la fourche. Sa poitrine porte des marques d'un rose cru, tendre marbrure là où les croûtes ont été grattées trop tôt.

Les eaux peu profondes chauffées par le soleil laissent entrevoir des vairons. Comme les lames de petits couteaux neufs, ils sont attrayants, d'un argenté éblouissant. Un banc plane au-dessus de cailloux vert-de-gris. L'eau arrive aux genoux de Thad et aux cuisses de Laurence.

Thad dit : « Donne-moi le seau. » En équilibre, il se penche bas, prenant garde que son ombre ne croise les poissons et ne les disperse, ou, bloquant la lumière, ne les désargente, ce qui les ferait disparaître. Aux aguets, il attend le meilleur moment pour attaquer. Soudain Laurence, en aspirant de l'air par la bouche, le fait sursauter. Son mouvement trouble l'eau, envoie des ondulations qui contrecarrent les vagues et crée une minuscule vibration liquide. Les vairons en un éclair dépassent les rochers et, traversant le fond de sable jaune du lac, s'éloignent.

« Petite merde, siffle Thad.

– Je n'ai rien fait ! rétorque Laurence.

– Tu as respiré ! »

Laurence couvre ses yeux du béret de marin. Il grogne. Lançant le seau à terre, Thad sort de l'eau pour s'étendre sur le sable. Laurence arrive et se tient debout devant lui. « Je n'ai rien fait. Tha-ad ? Ou es-tu encore fâché parce que tu as raté ton coup ? »

C'est une question dépourvue de malice, Thad le sait, mais cela ne le console pas. Il ouvre un œil terrible et Laurence se recroqueville. Avant même que Thad ne bouge, Laurence commence à courir sur la plage, les bras battant l'air. C'est pour ça qu'il court si lentement, pense Thad. Pas parce qu'il a un truc en plastique dans son cœur, mais parce que ses bras se déplacent plus vite que ses jambes, à travers tant d'air, si inefficacement. Thad lui laisse prendre de l'avance, puis saute, fonce, attrape Laurence par le maillot de bain, l'attire d'un coup au sol, fourre son visage dans le sable et l'y écrase. Laurence s'assoit et crache du sable. Il y a un cercle rouge autour d'une narine.

« Grosse merde. » Il incline sa tête vers l'arrière et pince son nez. Il ne pleure jamais.

Thad ne dit rien. Il commence, toutefois, à mâcher sa lèvre inférieure, comme lorsqu'il est désolé. Lorsqu'il n'a pas été gentil. Il a échoué à l'école, a échoué sa sixième parce qu'il regardait trop la télévision, a dit quelqu'un. Probablement le professeur. Ce qui lui manque le plus, ce sont les dessins animés du samedi matin.

Leur grand-mère les appelle du chalet. Thad aide Laurence à se remettre debout, replace son béret et marche avec son bras autour de son frère.

Elle surveille les garçons, le petit filant comme un insecte affolé, Thad, si grand et vigoureux. Elle n'aime pas beaucoup les enfants, et pourtant ces petits-enfants reviennent. Thad n'est pas mal ; elle a un faible pour les vilains à qui rien ne réussit. Laurence, malade du cœur depuis sa naissance, est trop souvent traité comme un objet précieux, et elle ne peut croire que ça ne lui est pas monté à la tête. Mais les filles sont les pires avec leurs radios en plastique, leurs tongs, leurs serviettes de plage fleuries et leur façon de frôler l'hystérie pour une araignée.

Elle ne s'est jamais intéressée aux enfants, et pourtant toute sa vie elle a embrassé des genoux ensanglantés, récité des comptines idiotes et prodigué ses soins. C'est une seconde nature maintenant. À treize ans, elle a été arrachée de l'école pour materner ses sœurs. Elle se revoit pieds nus, dans un chandail qui leur avait été donné, ils étaient pauvres à ce point – les trois petites filles jouant avec un boa en plumes qui s'était envolé d'un train. À dix-sept ans, elle travaillait comme domestique chez un ingénieur et sa femme. Elle avait l'habitude d'emmener leurs enfants à l'appartement de Nathan et de les laisser au rez-de-chaussée avec un Ukrainien qui jouait de l'accordéon. Pendant qu'elle et Nathan faisaient l'amour sur le sofa, ils entendaient à travers les lattes du plancher le souffle poussif de mélodies de l'Ancien Monde et l'accordéon devint pour eux, un peu par boutade, le plus érotique des instruments. Elle n'avait pas peur que les enfants la mouchardent parce que l'un était retardé et qu'elle pouvait réduire l'autre au silence en le pinçant et en lui flanquant des taloches et, de toute façon, l'ingénieur était amoureux et n'aurait jamais osé ouvrir le bec.

Puis, s'occuper de son propre enfant, vivre avec sa mère et sa sœur, souffrir leur condescendance. Nathan était dans l'armée, stationné outre-mer, alors elle porta l'alliance de sa mère. Dépendance, constantes et mesquines chamailleries, ce fut la pire époque pour elle et en conséquence elle ne put jamais aimer son premier enfant. Sous-alimenté et sujet aux coliques, il lui répugnait. Aujourd'hui, à presque cinquante ans, il lui avait écrit une lettre qui parlait de dépressions nerveuses et de divorces, affirmant qu'il était incapable de se sentir aimé dans ses relations, lui demandant une fois pour toutes ce qu'elle avait contre lui. Il lui faisait pitié et elle lui répondit qu'il était son trésor adoré, alors qu'il était la personnification de tous ses malheurs et frustrations. Elle eut cinq autres enfants de Nathan et a maintenant huit petits-enfants.

Le chalet se trouve juste au-delà de la plage et d'une étroite bande d'herbes sauvages à l'ombre des pins. Traversant l'étendue d'herbes, les deux garçons sont à l'affût des serpents. Ce sont des chasseurs de serpents en herbe[1]. Parfois, Thad retourne les pierres du sentier dans ce but, exaspérant sa grand-mère parce qu'il ne les replace jamais. Ils parlent de pythons et de boas constricteurs et d'anacondas, mais se contenteraient bien de moins.

Carlyle, leur labrador devenu aveugle, est étendu sur le seuil. Thad tire d'un coup sec l'une de ses oreilles, usée et défraîchie comme un vieux drapeau. Grognant, le chien balance sa tête frénétiquement de droite à gauche, avec le regard fixe de ses yeux argentins.

---

1. NdlT : « *They are hopeful snake-catchers* » : la phrase joue sur le double sens de *hopeful* : 1) en herbe ; 2) qui espère [attraper des serpents]. Le jeu de mots a ici été reporté sur « herbe ».

« Tu fais encore le taquin ? » Elle se tient de l'autre côté de la porte grillagée, silhouette à la taille épaissie en robe de coton, une tresse blanche lui tombant sur l'épaule. Il y a des aspérités dans sa voix qui pourraient être de la colère, mais qui ne sont en réalité que l'âge et la fatigue.

« Tu m'as vu, n'est-ce pas !

– Chch. » Elle émet un son de feuilles sèches sur le béton, de pluie légère, pour lui faire savoir qu'elle ne l'accusait pas. Il est si ombrageux. Elle sourit. Elle a encore ses dents, des dents horribles, dit Laurence, l'une d'elles cassée en diagonale. Hochant la tête, elle leur ouvre la porte, leur remettant deux T-shirts lorsqu'ils défilent devant elle.

Bien que les jours d'été s'étirent jusqu'à onze heures, longs comme une pelote de ficelle à rabais, le chalet est toujours sombre dans l'enclave des grands pins, le cercle de la senteur et de l'ombre continuelles.

Il y a des ampoules électriques, mais comme elles attirent les insectes – de gros et gauches papillons de nuit, moustiques aux ailes de chauves-souris – leur grand-mère les allume rarement. Ils utilisent plutôt des lampes à l'huile ; les garçons les préfèrent de toute manière.

Laurence et Thad sont assis l'un en face de l'autre à la table. Elle dépose devant chacun un plat émaillé rempli de fèves, avec une saucisse tranchée sur le dessus. Il y a une histoire à propos de cette vaisselle de métal : elle aurait été donnée à leur grand-mère après l'attaque d'apoplexie de leur grand-père, parce qu'elle avait lancé chacune des pièces de son service de vaisselle en porcelaine contre le mur du chalet. C'est une histoire à laquelle Laurence ne croit pas. Thad s'imagine qu'elle les a lancées à leur grand-père et que c'est la raison pour laquelle il a eu une attaque.

Thad fait une grimace à la vue de la nourriture. Elle rit, touche le front de Laurence, puis demande : « Bonne journée ?

– Bonne journée ! répond Laurence, plein d'entrain et de fèves[2].

Lorsqu'elle part chercher la lampe, Thad recourbe sa cuiller et catapulte un morceau de saucisse sur son frère.

« Nous allons chercher les œufs après le souper », dit-elle, en posant la lampe sur la table. Elle approche une allumette de la mèche. La flamme bondit, et des ombres se glissent dans la pièce, s'aplatissant sur les murs.

« Est-ce que je suis obligé d'y aller ? » demande Thad. Il y a une fille de l'âge de Thad à la ferme où ils achètent les œufs. Elle porte les cheveux court et un bain-de-soleil à travers lequel il détecte deux cônes de chair douce. La semaine dernière, elle l'a appelé tête-de-nœud. « Je n'irai pas. »

Après le souper, ils passent derrière le paravent chinois qui sépare l'endroit où ils dorment de la cuisine et enfilent des jeans par-dessus leurs maillots maintenant secs. Leur grand-mère est dans la chambre à préparer le plateau pour leur grand-père. Depuis le début de leur séjour, les garçons sont rarement allés voir leur grand-père. « Il n'est pas beau à voir comme autrefois », dit leur grand-mère. Les garçons sortent et s'assoient sur la plage en attendant.

---

2. NdlT : « *full of beans* » : littéralement, « plein de fèves » ; au sens figuré : « plein d'entrain ».

« À quoi penses-tu ? demande Laurence.

– À Rocky et Bullwinkle. » Il trace une ligne serpentine dans le sable avec son pied, puis montre quelque chose du doigt au-dessus de l'eau. « Regarde. Le vois-tu ?

– Quoi ?

– Là. Un canot. »

Laurence se lève et, s'abritant les yeux de la main, étudie la ligne imaginaire où l'eau mouille le ciel.

« Es-tu aveugle ? demande Thad.

– Il n'y a pas de canot ! » s'écrie Laurence.

Elle n'y va pas en douceur pour le nourrir, la cuiller éraflant les gencives nues. À l'époque de leur rencontre, il façonnait des manches à balai dans une usine, et ses avant-bras et ses poignets étaient si gros qu'il ne pouvait attacher les manchettes de sa chemise. C'était en 1935, et aucun autre homme ne l'a intéressée depuis. Un si beau crâne et des cheveux qu'elle pourrait prendre à pleines poignées sans réussir à en saisir la moitié. Même dans son vieil âge, avant qu'il n'ait son attaque, elle n'avait jamais cessé de le désirer.

Quand son emploi eut pris fin et qu'il reçut l'aide sociale, elle lui apporta ses rations d'alcool ainsi que des fruits et du chocolat, qu'elle ramenait de la maison de l'ingénieur. Puis la guerre éclata et ils furent séparés deux terribles années, pendant lesquelles, sachant qu'il ne lui serait pas fidèle, elle pria pour que du moins il ne se marie pas outre-mer. Il revint pourtant, mais parce qu'il avait déserté, ils durent gagner le nord comme des fugitifs et faillirent mourir de faim le premier hiver, alors qu'elle était de nouveau enceinte. Nathan commença à organiser des expéditions de pêche sur le lac et ils construisirent deux chalets. Un jour, il eut un agent de police comme client.

Pendant les années que Nathan passa en prison, elle travailla dans une manufacture de vêtements pour subvenir aux besoins de leurs trois enfants. Lorsqu'il fut libéré, en 1950, ils purent enfin se marier. Ils passèrent leur nuit de noces au chalet, à se quereller dans l'atmosphère tendue des rêves réalisés. Il la frappa au visage, lui cassant une dent. Cela ne ternit pas son bonheur ; de telles luttes faisaient partie de l'amour. Elle avait toujours été fière de son corps puissant et de sa force, de sa beauté.

Elle essuie le visage flasque avec la bavette, puis vérifie sous l'édredon si les culottes matelassées sont humides.

Dans la fourgonnette, Thad grimpe par-dessus le siège, se rend au fond et s'étend près du pneu de rechange parmi le fouillis des plateaux à œufs, des pots à fleurs et des vieux journaux. Laurence est assis en avant avec leur grand-mère.

« Nous allons avoir un orage, dit-elle. Regardez le ciel. »

Thad presse son visage contre la vitre et voit le gris s'amonceler. Les arbres devant lesquels ils passent sont complètement immobiles. Il s'attend presque à entendre Laurence aspirer de l'air par la bouche, à cause de la tension. Lorsqu'ils arrivent à la ferme, elle paraît désertée, les animaux, aux champs, attendant la fin de l'orage pour rentrer.

Leur grand-mère prend un plateau à œufs à l'arrière tandis que les frères s'extirpent de la voiture en claquant les portes. Elle le donne à Thad, et lui et

Laurence vont chercher les œufs pendant qu'elle sonne à la maison.

La remise sert à laver les œufs et à les entreposer. L'endroit empeste la fiente de volaille et la moulée moisie. Ils pénètrent, Laurence se bouchant le nez ; la fille, qui leur tourne le dos, est penchée au-dessus de l'évier. Elle porte un jeans coupé et ce bain-de-soleil dont les attaches effilochées ont deux nœuds à l'épreuve des garçons. Ses souliers de toile et ses jambes nues sont maculés de boue.

« Les hœufs, s'il vous plaît », dit Laurence, bouchant toujours son nez.

Elle se retourne et regarde Laurence avec une expression de douce curiosité, et Thad se rend compte qu'elle sait quelque chose d'eux. Elle l'aperçoit.

« Tête-de-nœud. »

Il rougit mais ne peut penser à une réponse appropriée.

« Si tu veux des hœufs, tu peux les laver toi-même », dit-elle à Laurence, feignant le mépris et lui tendant la brosse. Il sourit. La semaine dernière aussi, elle l'a laissé les laver.

Laurence parle à la fille en nettoyant les œufs sous le filet d'eau du robinet. Thad se tient derrière avec le plateau, qu'elle remplit.

« On a presque attrapé des menés aujourd'hui. » Il hésite. « Thad les a presque attrapés.

– Qu'est-ce qu'un mené ?

– Un petit poisson. Un...

– ... coup de poing dans l'œil[3] », ajoute Thad.

---

3. NdlT : *shiner* signifie à la fois « vairon, fretin » et « œil poché ».

Elle lui lance un regard. Elle a les yeux bleus et dans l'œil gauche, sous la pupille, une tache jaune. Voyant cela, il baisse immédiatement les yeux, s'arrêtant à la bavette de son bain-de-soleil.

« Et puis, j'ai éternué ou quelque chose du genre. De toute façon, on ne les a pas attrapés, après tout.

– Dommage.

– Ouais. Thad s'est fâché.

– Tête-de-nœud », répéta-t-elle.

Thad rougit encore. Puis il lui vient à l'esprit qu'elle pourrait très bien savoir qu'il a redoublé. Il laisse tomber le plateau et crie après Laurence : « Pourquoi tu ne la fermes pas ? Pourquoi tu ne vas pas te faire foutre ? »

Un long silence suit. Il n'a jamais dit « va te faire foutre » de sa vie. C'est quelque chose qu'il a entendu à la télévision.

La fille évite de le regarder. Elle tapote Laurence sur la tête. « Ça ira. Vous deux, nettoyez ça et je vais laver les œufs. »

Aux pieds de Thad, les jaunes d'œufs sont de la même couleur que cette tache dans l'œil de la fille.

En un rien de temps, ils ont terminé et marchent silencieusement vers la maison, Thad se mordant furieusement la lèvre. Elle dépose le plateau sur le toit de l'auto et ils vont s'asseoir sur les marches. Leur grand-mère parle dans le portique avec la fermière. Elle est veuve et c'est la mère de la fille, se souvient Thad. Il les entend à travers la porte grillagée qui parlent de Laurence.

« Né comme ça, dit leur grand-mère. Cette année il a eu une opération.

– Et maintenant ?

– Il va bien, Dieu merci. Ils ont mis une balle de caoutchouc, un tuyau d'arrosage ou quelque chose du genre dans son cœur. Se portera comme un charme bientôt. Maintenant c'est pour le plus vieux que nous nous en faisons. Thad a été assez ébranlé.

– À cause de son frère qui est malade ?

– Vous savez comment les enfants se font des reproches. Enfin, il a eu des difficultés à l'école et tout le tralala. Des idées qu'il se fait. »

L'autre femme fait doucement claquer sa langue.

« Il croyait qu'il allait perdre son frère.

– Oh, mais le caractère ! C'est ainsi que je vois la chose, dit leur grand-mère : il est difficile de savoir s'y prendre avec l'amour lorsqu'il est né de la peur. Ça gonfle et ça devient acharné. Nous en savons quelque chose, à regarder nos maris partir, n'est-ce pas ? »

Sur la marche, Laurence promet un serpent à la fille. « Mais ne m'en veux pas !

– Pourquoi ?

– S'il vole un œuf et l'avale tout rond ! »

En revenant, ils sont assis tous trois sur le siège avant, et il commence à pleuvoir. Un seul essuie-glace fonctionne, alors les frères regardent la route à travers un rideau de pluie. En ce moment, l'horizon se dégage par couches, puis s'éteint, s'éclaircit encore, cette fois-ci déchiré par d'éclatants zigzags.

La pire chose avec l'orage, c'est qu'ils doivent rester à l'intérieur. Laurence, habitué à de longues heures de solitude, est à la table, penché au-dessus d'une bande dessinée de *Scamp*. Leur grand-mère lave la vaisselle. Thad, à son habitude, ne lit pas, alors il fait les cent pas. Chaque fois qu'il passe devant Carlyle, couché derrière le guéridon où est posé le téléphone, le chien grogne.

« Vieille merde », dit Thad, et il se glisse dans la chambre et reste là à regarder son grand-père.

Le vieil homme est assis dans une bergère à oreilles près du lit. Une courtepointe en *patchwork* enveloppe ses jambes, ses genoux apparents ressemblant aux bulbes des isolateurs en verre posés sur la tablette au-dessus de l'évier. Quoique le corps soit vieilli, le visage, peut-être à cause de l'enflure, semble jeune et sans rides. Ses yeux sont d'un gris clair et ses cheveux forment une auréole laiteuse autour de sa tête rayonnante. Sa mâchoire pend et un filet de salive traverse son menton, noircit sa poitrine. Laurence est là maintenant, près de Thad.

Sur la table de chevet à côté de leur grand-père se trouve un plat de menthes, claires comme de la glace. Thad traverse la pièce et prend un bonbon, défait la papillote, le fourre dans sa bouche et s'assoit sur le lit. Il en lance un à Laurence, qui le manque et doit le chercher à tâtons sous la commode.

Thad dresse les oreilles pour entendre son grand-père. « Quoi ? Parle plus fort ! Tu en veux une aussi, grand-papa ? » Il sourit à Laurence.

Laurence s'approche, prend un bonbon et reste planté là avec le bonbon dans la main, fixant le plancher. Thad a un fou rire.

« Quoi ? demande Laurence, souriant, qu'est-ce qui est si drôle ? »

Bientôt, ils sont tous les deux sur le lit à se tenir le ventre, dirigeant leurs rires vers le couvre-lit. Aucun des deux ne connaît la raison de cette hilarité ; c'est un de ces moments privilégiés entre frères. Puis

Laurence s'assoit et met le bonbon enveloppé dans la bouche de son grand-père. Immédiatement, il commence à sucer, avec sur son visage une expression de surprise innocente comme celle d'un nourrisson qui n'attendait pas le mamelon. Le bout de cellophane entre ses lèvres tourne et retourne.

« Fais-le encore ! » demande Thad.

C'est trop drôle, la façon qu'a le vieil homme d'avancer les lèvres comme un poisson, la façon dont il accueille avec sa langue un second bonbon, petite gourmandise. Même lorsqu'il tousse, parce que les papillotes lui chatouillent la gorge, les frères étouffent réciproquement leurs rires de leurs mains bouffonnes.

Ils entendent sonner le téléphone et se précipitent hors de la chambre.

« Oui, ils vont bien, répond leur grand-mère. Les voici. Voici Laurie. »

Il saisit le récepteur et commence à bavarder : « Des menés. Tu ne sais pas ce que sont les menés ? Maman ! Ce sont des vairons ! Tu ne savais vraiment pas ? »

Thad prend l'appareil et sa mère lui demande comment il s'arrange sans télévision. Il répond qu'il ne s'en est même pas aperçu.

Après qu'ils ont raccroché, leur grand-mère les mène dans la cuisine pour leur toilette, puis les laisse faire pipi de la porte de la véranda. Il y a une salle de bains, mais ce n'est pas aussi drôle. Elle prend une lampe à l'huile et la met sur la table derrière le paravent chinois pour que les garçons puissent parler avant de s'endormir. Elle pose sa main sur le front de Laurence, puis les embrasse tous deux. De l'autre côté du mur leur parvient faiblement le son de la toux de

263

leur grand-père. Ils enlèvent vite leurs jeans et leurs T-shirts et se jettent l'un par-dessus l'autre dans le lit, toujours en maillots.

« Je veux ce côté », dit Laurence, qui veut dire le côté près de la table de chevet, afin d'être celui qui éteindra la lampe.

« Pas question, rétorque Thad.

– Grosse merde », répond Laurence sans grande conviction. Thad lui donne une claque sur la tête. « Petite merde. »

Dans la chambre, leur grand-père a des quintes de toux constantes. Ils entendent aussi la voix de leur grand-mère, douce d'abord, puis qui monte, alarmée.

Soudain, le plafonnier est allumé. Les garçons, qui n'ont pas vu de lumière électrique depuis presque deux semaines, sursautent, aveuglés. Elle se tient au-dessus d'eux, les cheveux sur les épaules et la robe à moitié déboutonnée. Ils ne l'ont jamais connue fâchée, et voilà qu'elle est en furie. Elle agite un petit morceau de cellophane à la face de Thad.

« Il était en train de s'étouffer !

– C'est Laurie qui a fait ça ! » lâche Thad, puis il mord sa lèvre inférieure.

Laurence a le regard fixe d'un animal pris au piège.

« C'est toi ?

–Oui. »

Se penchant par-dessus Thad, elle attrape Laurence par le bras et le secoue violemment, comme si sa méchanceté était de la poussière.

« Mon homme, mon homme grand et fort », soupire-t-elle, sortant son bras flasque de la manche, faisant courir ses mains à elle sur les angles de ses os. Elle est nue, orteils noueux sur le froid plancher de bois, ses seins tombants reposant sur la saillie de son ventre. Elle se penche sur lui, oreille contre oreille, glisse ses mains sous ses fesses et de cette façon peut le transporter de son fauteuil à son lit. Le sous-drap de plastique crépite comme le feu au moment où elle l'allonge. Il fixe le plafond, la mâchoire pendante. Elle grimpe dans le lit et se penche précautionneusement par-dessus lui, entoure de ses grosses cuisses les parenthèses de ses hanches saillantes, repose les coudes près de ses épaules, se penche pour embrasser son visage, sa bouche qui s'offre sans résistance. « Mon homme grand et fort. » Pas de souffle mélodieux d'accordéon, seulement la pluie que le vent précipite par vagues sur le toit, et le carillon accroché à la branche d'un pin, qui fait un bruit de cymbales.

Les garçons, secoués, fixent en silence les poutres du plafond, l'ombre vallonnée de leurs profils sur le mur du chalet. Un papillon de nuit a pénétré au petit bonheur dans le chalet et fonce régulièrement, bêtement, sur la lampe en rendant un son mat. Dans la chambre, leur grand-mère murmure.

Laurence s'assoit et, serrant craintivement ses jambes, commence à pleurer. Pas tout haut, ça n'est pas son genre, bien qu'aucun des deux ne pleure. Il a le regard fixe, le visage déformé, les larmes et le mucus coulant à flot.

« J'ai fait une chose méchante !

– Tais-toi ! chuchote Thad. Il se mord la lèvre.

– J'ai fait quelque chose de tellement méchant à grand-papa !

– Tais-toi, s'il te plaît ! »

Laurence, le visage dans les mains, retombe sur l'oreiller. Dans son chagrin, son corps est agité de spasmes. Cela semble durer des heures. Thad doit endurer les tremblements de Laurence, entendre sa respiration obstruée, haletante, jusqu'à ce qu'elle s'élève en un ronflement deux fois plus gros que lui. Puis Thad est seul dans la nuit discordante – le carillon éolien qui résonne, leur grand-mère qui murmure, l'autodestruction monotone du papillon de nuit. Thad presse son doigt contre sa lèvre et le regarde. Il est taché de sang.

Autres titres au format poche :

Dix ans de nouvelles : une anthologie québécoise présentée par Gilles Pellerin

Parallèles : anthologie de la nouvelle féminine de langue française présentée par Madeleine Cottenet-Hage et Jean-Philippe Imbert

Nouvelles d'Irlande, présentées par Michael Cronin et Louis Jolicœur et traduites de l'anglais par Julie Adam et Louis Jolicœur

Le fantastique même : une anthologie québécoise présentée par Claude Grégoire

Feux sur la ligne : vingt nouvelles portoricaines (1970-1990), rassemblées par Robert Villanua et traduites de l'espagnol par Corinne Étienne et Robert Villanua (en coédition avec Alfil et l'Unesco)

Ce que disait Alice de Normand de Bellefeuille

La mort exquise de Claude Mathieu

Post-scriptum de Vassili Choukchine (en coédition avec Alfil)

La machine à broyer les petites filles de Tonino Benacquista

Espaces à occuper de Jean Pierre Girard

Nouvelles du Canada anglais, présentées et traduites par Nicole Côté

Nouvelles françaises du XVIIe siècle, présentées par Frédéric Charbonneau et Réal Ouellet

L'écrivain public de Pierre Yergeau

Extrait du catalogue de nouvelles :

La vie malgré tout de Vincent Engel

Théâtre de revenants de Steven Heighton (traduit de l'anglais par Chrsitine Klein-Lataud)

N'arrêtez pas la musique ! de Michel Dufour

Et autres histoires d'amour... de Suzanne Lantagne

Les hirondelles font le printemps d'Alistair MacLeod (traduit de l'anglais par Florence Bernard)

Helden / Héros de Wilhelm Schwarz (édition bilingue allemand-français)

Voyages et autres déplacements de Sylvie Massicotte

Femmes d'influence de Bonnie Burnard

Insulaires de Christiane Lahaie

On ne sait jamais d'Isabel Huggan (traduit de l'anglais par Christine Klein-Lataud)

Attention, tu dors debout de Hugues Corriveau

Ça n'a jamais été toi de Danielle Dussault

Verre de tempête de Jane Urquhart (traduit de l'anglais par Nicole Côté)

Solistes de Hans-Jürgen Greif

Haïr ? de Jean Pierre Girard

Trotski de Matt Cohen (traduit de l'anglais par Daniel Poliquin)

L'assassiné de l'intérieur de Jean-Jacques Pelletier

Regards et dérives de Réal Ouellet

Traversées, collectif belgo-québécois (en coédition avec les Éperonniers)

Revers de Marie-Pascale Huglo

La rose de l'Érèbe de Steven Heighton (traduit de l'anglais par Christine Klein-Lataud)

Déclarations, collectif belgo-québécois (en coédition avec les Éperonniers)

Dis-moi quelque chose de Jean-Paul Beaumier

Circonstances particulières, collectif

La guerre est quotidienne de Vincent Engel (en coédition avec Quorum)

Toute la vie de Claire Martin

Le ramasseur de souffle de Hugues Corriveau

Mon père, la nuit de Lori Saint-Martin

Tout à l'égo de Tonino Benacquista

Du virtuel à la romance, de Pierre Yergeau

ACHEVÉ D'IMPRIMER
EN SEPTEMBRE 1999
SUR LES PRESSES DE AGMV-MARQUIS
MONTMAGNY, CANADA